はじめに　質問は現状を大きく変える力

子どものころ、学校の授業中に、先生に「ここまでで質問のある人はいるか？」と聞かれたことはありませんか。

そう言われたものの、クラスの誰一人手を挙げない。不審《ふしん》に思った先生から「本当に分かったのか？　じゃあ、○○。説明してみろ」と、なぜか指されてしまい、実はあまり理解していないため、「分かりません」とか細い声を絞《しぼ》り出して下を向いてしまった……。

これは、日本の学校ではよくある光景です。もしかしたら、あなたにもそんな経験があるかもしれません。

あるいは大人になって、新入社員として入社した会社で研修を受けているとき。熱心にメモを取りながら聞いていますが、初めて聞く言葉もあるだけに、すべてが理解できたとは言えません。

「ここまでで質問はないか？」

先輩に聞かれたものの、あとで確認すればいいと思っていたので、「いいえ、大丈夫です」と答えてしまった。研修が終わって、自分一人で仕事をすることになって、実際にやってみたら、分からないことばかり……。

慌《あわ》てて先輩に「〇〇についてなんですけど、もう一度説明してくれませんか？」と頼んだら、「お前、この前『大丈夫』って言っていたじゃないか。聞いていなかったのか！」と怒られてしまう。こんな経験をした人もいるかもしれません。


日本人は質問するのが苦手です。質問することを怖がります。

なぜなら質問することは「自分は理解できていない」と白状するようなものだから。あるいは初歩的なことを聞いて、「アイツはあんなことも知らないのか」とバカにされるのがイヤだから。いずれにしても、他人の視線を気にするあまり、質問すること自体をためらいます。

あなたにもそんな傾向はありますか？

安心してください。この本は、そんなあなたのための本です。質問することで自分自身を成長させ、脳の可能性を最大限に引き出すための本です。

なにか分からないことがあるとき、自分が知らないことがあるときに、人に聞く。質問には、自分の弱さをさらけ出してしまうイメージがあります。しかし、実は、頭がいい人ほど質問をします。「これが分からない」と言えてしまう。質問は、頭の悪さを証明するものではありません。

どんなに頭のいい人にでも、分からないことはあります。誰もが自分の中にモヤモヤを抱えています。

そのモヤモヤは、悪いものではありません。人それぞれ中身は違って、「大学に進学するかそれとも就職するべきかどうか」という悩みだったり、セールスで「相手はどんな商品・サービスを望んでいるのだろうか」という迷いだったり、「私はこの人と結婚してもいいのだろうか」というためらいだったりします。そのモヤモヤを解消するために、自分あるいは他人にするのが、質問です。

「どうしたらいいだろうか？」

自分自身、あるいは他人にそう問うことで、前に進むきっかけや現状を大きく変えるヒントを得ることができます。

質問とは、自分の置かれた現状や自分自身を大きく変える力です。「今と同じでいい」と現状維持を望み、「お金がない」「いい人に巡り会えない」と、ただ不満を言う人から生まれるものではありません。

今よりももっとうまくなりたい。まだ知らないものに出合いたい。今よりも社会をよくしていきたい……。「そのためには、どうしたらいいだろうか？」と考えて、現状を打破して前に進んでいこうとする人から生まれ出てきます。

質問は、人生をポジティブにするものです。文句を言っているだけではものごとは動かないので、「これが今、分からない」「できない」と正直に認め、質問することによって前に進んでいきます。

ただし、質問にも、いいものと悪いものとがあります。悪い質問をしていると、自分自身の現状を維持することに尽きて、なんの変化ももたらしません。

一方、いい質問は、自分自身だけでなく周りの人をも変化させる力を持ちます。世界が少しでもいいほうへ向かうように考えるクセが頭の中についていきます。

この本では、あなたを大きく変えていく質問や、その具体的な方法についてお話ししていきます。大胆《だいたん》に言えば、質問によって、自分自身を変える、自分の環境を変える、ひいては世界を変えることを目指しています。


ここであなたに質問があります。

あなたは今、どんなモヤモヤを抱えていますか。

あなたがどんなモヤモヤを抱えているかは、私には分かりません。またその解決の方法も人それぞれです。

それでもこの本には、それを解決するヒントがたくさん散りばめられています。

読み終えたとき、あなたに「やれることはいっぱいある！」と、自分でそのモヤモヤを解消できる力がみなぎっていてほしい。自分自身にブレイクスルーを興してほしい。それが、著者としての私の願いです。

それでは、早速《さっそく》、始めましょう。

茂木健一郎

モヤモヤを抱えがちな人

- 世の中には「正解」があると思って、必死に探そうとする
- 自分が知らないことは誰かに「教えてもらえばいい」と思っている
- 常に完璧を目指している
- 失敗すること、間違うことを恐れる
- 与えられた問題を誰よりも早く解決しようする
- 自分自身のことをよく分かっていない
- 常識やルールなど他人がつくった基準を守ろうとする
- 納得できないことにも「仕方ない」とあきらめる
- 自分と考えが違う人を「どうしてあの人は……」と反発して受け入れない

モヤモヤを解消できる人

- 世の中には「正解」がないと気づいて行動する
- 自分が知らないことでも「どういうことだろうか」と考え続ける
- 自分にできるベストを目指す
- 失敗すること、間違うことを恐れない
- 問題を自分で見つけて解決しようする
- 自分自身のことをよく分かっている
- 常識やルールなど他人がつくった基準に縛られない
- 納得できないことにも「どうすればいいか」と考えてあきらめない
- 自分と考えが違う人を「こういう人もいる」と冷静な分析をする

はじめに

1章

質問は人生を変える

2章

質問力とはなにか

3章

いい質問、悪い質問

4章

質問は脳の可能性を広げる

5章

質問力をさらに高める8つのアクション

6章

日常生活で活かす質問術

1章

質問は人生を変える

いい質問ができる人はどういう人か

自分の人生をよりよくしていくには、どうしたらいいでしょうか。

問題のない人生を送っている人は誰一人としていないはずです。

みなさんは、その「問題」にどのように向き合っていますか。

具体的に解決しようとなにか試みるでしょうか。

友人に不満を漏《も》らして、憂《う》さ晴らしをするでしょうか。それとも、見ないふりをするでしょうか。

私がおススメするのは、問題をあいまいなままにするのではなく、**きちんと問題提起をして、自分が解決できる問題に書き換えることです。**

これができる人は、幸せな人生を送ることができます。

その方法を詳しく説明していきましょう。

1980年代に放映された、イギリスの政治を描いた傑作コメディ『Yes Minister』の中に、こんな印象的な場面があります。

退任間近のある官僚が、後輩に、「自分の後任には誰がいいか」と相談している最中、こんなことを言います。

「後任者は、**カギとなる質問ができる人**でなければならない」

その後輩は、話を「そうですねえ」と聞いています。

彼は話がなんとなく途切《とぎ》れたタイミングで、突然こんなことを質問します。

「ところであなたは退任した後、どんな仕事がしたいのですか？」

イギリスにも、日本と同様、天下りというものがあって、後輩は、その世話をしようと言うのです。この質問を聞いた途端、その先輩官僚は、「話は戻るけれど、やはり自分の後任には、君が一番いいと思う」と決めてしまいました。

》カギとなる質問とはなにか

「後任者は、カギとなる質問ができる人でなければならない」

先輩が言った後、たとえば、候補に挙がっている人たちの噂《うわさ》話、それぞれの人の持つ思想信条など、後任選択に直接に関係のありそうな話題を出してもよかったはずなのに、その後輩は、相手に配慮した質問をしました。

みなさんは「政治にかかわる人事で、自分の身の安全を真っ先に考慮《こうりょ》するなんてけしからん！」と思うかもしれません。しかし、彼の質問は、実際に人間はどんなことで動くのかという、深い心理を見抜いた質問になっています。だからこそ一撃で先輩官僚を動かしてしまうのです。

これはコメディですから、「自分の身の安全を提供してくれることが、『カギ』だった！」という人間風刺《ふうし》になっているのですが、イギリスでは、伝統的に**モヤモヤした状況を一気に解決に向かって動かすような質問が出せる人**が「頭がいい」と考えられ、重んじられています。

問題を提起できる人が偉い

数学の世界には、フェルマーの最終定理と呼ばれる、長い間証明されないでいた超難題がありました。

「3以上の自然数nについて$X^n + Y^n = Z^n$を満たす（X、Y、Z）は存在しないのではないか？」

今この内容が分からなくても大丈夫です。この質問を出したのは、ピエール・ド・フェルマーという17世紀のフランスの数学者ですが、1994年になってアンドリュー・ワイルズというイギリスの数学者が、この質問が正しいことを数学的に証明しました。

みなさんは、問題提起をしたフェルマーと、証明をしたワイルズのどちらのほうが偉いと思いますか？　どちらもおそろしく頭がいいことは間違いないのですが……。

フェルマーは、「この問題を証明する驚くべき簡単な方法を見つけたけれども、それはこの余白に書くには狭《せま》すぎる」と紙に書き込んだだけで、証明はしていません。ワイルズは、証明するのに、「谷山・志村予想」や、「楕円《だえん》関数論」などという、ものすごく高等な数学を使っています。

残念ながら、ワイルズのそんな苦労にもかかわらず、数学史でより偉いとされているのは、フェルマーのほうです。

このように世界には、**「問題を解いた人」よりも「問題提起をした人」のほうが偉い**という認識が、確かにあります。日本はもしかするとその逆で、「与えられた問題をなるべく早く解ける人」が偉いと思っているところがあるのではないでしょうか。

イノベーションを興す質問

アメリカのインターネット関連会社グーグルが、2016年現在取り組んでいるプロジェクトの一つに、「プロジェクト・ルーン」があります。彼らが抱いている質問は、こういうものです。

「地球上のどの地点でも高速インターネットを使えるようにするには、どうしたらいいだろうか？」

もしわれわれが、外出先でスマートフォン以外に、インターネットを使う必要が生じたら、無線の通っているところを探して使おうとするのではないでしょうか。「ホテルなら使える」「スターバックスなら登録すれば使える」「あの店なら、この駅なら」と自分が移動することを考えます。

少しくらい面倒でも、昔に比べたらはるかに便利だし、「ありがたい」と満足してしまいます。

私たちはなんとなく現状に満足したら、質問することをやめてしまいます。ところが、グーグルは満足しませんでした。

「なぜいちいち自分が移動しなくてはならないのか？」

「なぜ不便を我慢しなければならないのか？」

「どこでもインターネットにつながる世界をつくるためにはどうしたらいいのか？」

そう質問していきました。

地球上のどんな場所でもインターネットにつながる世界がつくれたら、まったく違う世界になるはずです。もし山の中で使えたら、遭難者《そうなんしゃ》を減らすことができるでしょう。病院のないアフリカの砂漠で病気になっても、インターネットにつながっていれば、自分で原因や対処法を調べられるかもしれません。

こうした新しい世界が見えるからこそ、彼らは、現状に満足しないで具体的に「地球上のどの地点でも高速インターネットを使えるようにするにはどうしたらいいか？」と質問を続けます。

この質問に対して、現在、グーグルの出している答えは次のようなものです。

「風船を使って、インターネットの基地局を浮かべてみたらどうか？」

確かに無線通信機を載せた何千もの風船が成層圏をプカプカ移動していけば、地球上の全エリアはカバーできます。砂漠の上も通るし、山の上も通ります。

空に浮かんだ基地局があれば、災害が起きて、地上の基地局が使えなくなっても、通信が可能になります。なんて画期的なアイデアなのでしょうか。

彼らは、実際にプロジェクトを立ち上げ、試作しています。

ちなみに、「プロジェクト・ルーン」の「ルーン」は、日本語で言えば「おばか」という意味。「バルーン（風船）」から取った名前でもあるけれど、あまりにも常識外《はず》れな挑戦だから、自らこう名づけたのでしょう。

彼らの出した答えに問題がないわけではなりません。実現されたら、確かに世界を変えるだろうし、風船がたくさん地球に浮かんでいたら、なんだかかわいいようにも思えます。けれども、風船は壊《こわ》れやすいし、コントロールしにくいかもしれない。

この答えがベストではありません。

ほかの案が出るならそちらのほうがいいかもしれませんが、出ないのだから、思いついたことをただやってみる。グーグルが偉いのはむしろここです。彼らは「世界のどこでも使えるようにするにはどうしたらいいか？」と質問して、**今思いつくアイデアが一つしかないならば、まずはそれが実現するように行動していきます。**

思いついたアイデアをすぐやってみる

似たような例として挙げられるのは、世界最大の航空貨物輸送会社フェデックスです。フェデックスが世界で初めて出した質問は、これです。

「アメリカ国内でA地点からB地点に効率よくものを運ぶにはどうしたらいいか？」

この質問が出るまでは、AからBに荷物を運びたいと思ったら、直接AからBへ持っていくしかないと思われていました。しかし、国内すべての郵便物を直接運んでいたら大変です。それに対して、彼らが出した暫定的《ざんていてき》な答えは、「ハブと呼ばれる中継地点をつくって、一度その場所にものを集める」でした。

毎日すべての輸送品を一つ一つ指定の場所へ運ぶよりも、一見迂回《うかい》のようですが、アトランタやシカゴといった大きな空港にいったん集めて、そこからまとめて運んでみたら、実際に効率がよかった。今ではこのやり方が、世界のスタンダードになっています。


もしかしたら、もっといいアイデアはいくらでもあるのかもしれません。しかし、とりあえず思いつくことをやってみる。**世界を変えるイノベーションは、「少しでもいい方向に進む可能性があるならやってみる」という軽さから生まれます。**

「もっといい案があるはずだ」といつまでも躊躇《ちゅうちょ》していたら、なにも変えることはできません。

慎重に完璧を目指すよりも、「こんなことはイヤだ！」という違和感や、「こうなったらいいな！」という希望を持って、具体的に「こうやってみたらどうだろう？」と質問することから、すべては始まります。

イノベーションを興す人に徹底しているのは、**「正解が分からないから」と言ってあいまいなままにせず、どんなに小さな答えでもいいから具体的で自分が対処できる形に変え、実際に行動して、ものごとを動かすこと。**

これが、「カギとなる質問ができること」の意味です。

具体的な問題に書き換える

このような話をすると、「カギとなる質問ができること」は、「イノベーションを興すような会社に勤めている人にしか関係がない」と思う人もいそうですが、そういうことではありません。

日常生活でも、カギとなる質問を出す能力はとても重要です。質問することによって、人生をいい方向へ動かすことができます。

女性誌の取材で、私のいる研究所に読者モデルの人が来てくれたことがあります。

「彼氏がいなくて悩んでいる」と言う彼女に私がしたのは、こんな質問です。

「あなたは年に何人くらい新しい男の人と打ち解けて話す機会がありますか？」


ふだん彼女は、ある会社で受付の仕事をしていて、見知らぬ男性に会う機会は決して少なくないようでした。それでも、十分に人柄が分かる程度に打ち解けて話すのは、一年で2人か3人だったようです。

「そうすると、あなたは、この世の中にたくさんの男性がいるのに、2人とか3人の中から自分の恋人を見つけようとされているわけですね？」

そう私が言うと、彼女はハッとしていました。

「彼氏がいなくて、どうしたらいいのだろう？」

こんな漠然《ばくぜん》とした問題も、自分の状況をよく見て、理由を考えれば、具体的にアプローチできる質問になります。彼女の場合はこうなります。

「どうやって打ち解けて話す機会を2人、3人から、20人、30人に増やすのか？」

こういう具体的な質問に変えていけば、「合コンをする」「趣味のサークルに行く」「紹介サービスに登録する」など、自分に合った努力ができるようになります。

いい質問というのは、そこから行動を始めたり、仕事を始めたり、あるいは取り組みができるような質問のことです。

あいまいにしていることを、自分が実際にできる具体的な問題に書き換えること。ベストな解決法でなくてもいいから、努力できる方法を見つける。それが、「いい質問」の意味なのです。

この書き換えができるようになると、どんな状況に置かれても自分に合った努力の方法を見つけられるので、自立して生きていけるようになります。

なぜ日本人は質問が下手なのか

これまで私たちは、学校のテストでも、入試でも、答えを見つけることばかり求められてきました。会社でも、与えられた課題を、できるだけ早く、正確にこなすことが求められています。

現に答えを早く見つけた人が重宝されてきたので、質問をして自《みず》ら問題を見つけようとする習慣がつきませんでした。「答えを見つければ問題は解決する」と、今なお思っています。質問するヒマがあるのだったら、答えを早く見つけようとします。

今の日本人にとって、問題の提案をするのは別の頭の使い方をしなければならないので、確かに面倒くさいかもしれません。しかし、それが自分たちを窮屈《きゅうくつ》にしてきたのではないでしょうか。他人が求めることに答えるだけで、自分にとってもっと快適な生き方があるはずなのに、それを探ってこなかったからです。

グーグルもフェデックスも、出された問題を解くのではなく、自分たちで問題をつくり質問をすることで解いています。繰り返しますが、世界には「問題を解いた人より問題を提起した人のほうが偉い」という考え方があります。

私たちは、与えられた問題で100点を取ることを目指して一生懸命《いっしょうけんめい》やってきましたが、今やグーグルやフェデックスのように、学校でも仕事場でも家庭でも、自ら問題をつくって、質問をして解いていっていいのです。

これからは、「与えられた質問に答える」努力をするのではなく、**「そもそも質問を**

しないという態度を脱却する」努力が必要なのかもしれません。自分の問題を解くために、質問をしていく必要があります。

質問とは、思考停止を脱却することです。

一般に、100点満点の状態が世界のどこかにあると思っている人は、残念ながら、質問力が低いと言えます。

日本人が英語を話せないワケ

英語の勉強を例に取りましょう。「こうしたら、英語ができるようになる」という正解などあるのでしょうか。

日本人は、間違うのが怖くて、なかなか英語をしゃべろうとしない人が多いと言われます。私たちは「主語が3人称のheやsheならば、動詞に三単現のsやesがついていないと間違いだ」などという文法上のこまごまとしたことを学ばないと、「英語はできるようにならない」と中学・高校で教え込まれています。

しかしながら、6年間学んでも、日本人は英語が話せるようになっていません。それならば、この方法が「正解」ではないはずです。

そもそも「これが正解」という英語など存在しません。ネイティブ・スピーカーの間でも、Aさんの話す英語と、Bさんの話す英語は違います。英語のプロ中のプロ、劇作家ウィリアム・シェイクスピアになると、語彙《ごい》も違えば、使い方も違う。

「誰もが同じ正しい英語をしゃべっていて、それをしゃべらなければならない」そういう考え方は間違いです。本当は、「英語」といっても無限の種類があります。

それなのに、日本では正解の決まったテストばかりして競っています。

マッキントッシュ・コンピュータ、アイ・フォーンという独創的な商品を次々に生み出してきた、アメリカ企業アップルには「Think Different（人と違うように考えろ）」という有名なスローガンがあります。

そのスローガンのもと、アップルは、アルベルト・アインシュタイン、パブロ・ピカソ、マリア・カラス、マハトマ・ガンジーといった、各界の異才たちの画像を使って、「いかれた人たちに乾杯。違った見方でものごとを見る、そういう人たちを応援しているのが私たちの会社だ」というCMをつくりました。

こんなにカッコいいスローガンに対して、日本の英語のテストならば「『Think

Differently』じゃなきゃ間違いだ」とケチをつけるところでしょう。

「Think different」は英語ネイティブのスティーブ・ジョブズが生み出した言葉ですが、文法的には間違いなのでしょう。しかし、あえて形容詞を副詞にする「ｌｙ」をつけずにおくことで、「自分たちは違うんだ」という気持ちがより伝わるような気がします。これは「正しさ」ではなくて、「感覚」です。

言葉とは「正しさ」でなく、それぞれの「感覚」で話すものです。

「こういうふうに言ったほうがもっと伝わるのではないか？」

そういう質問をして、文法にとらわれない、けれども確実に伝わる英語をつくり出す工夫をしていいのです。

世の中には正解はない

あなたは、たいていの問題について、「こうしたらいい」「こうすべきだ」ということが決まっていると思ってはいないでしょうか。まだ自分が知らないだけで、正しいことは決まっているから、誰かにそれを教えてもらえればいいと思っていませんか？

実は、この**世の中で、われわれが遭遇《そうぐう》する問題のほとんどに正解はありません。**

それなのに、みんな「こうすべきだ」ということがあるように感じています。

人の決めた「こうすべきだ」という考えばかりを大切にしていくと、自分でカギとなる質問を提出して工夫することを忘れてしまいます。

人生の大事なことについては、人に聞いたり、多くの人の意見に合わせたりすることがいいように思うかもしれませんが、「誰かがすべて解決してくれると考える」のは大間違いです。それは、自分で考えることを放棄《ほうき》していることにほかなりません。

「30歳までに結婚しなければならない」

「いい企業に入るためにはいい大学に入らなければならない」

「仕事ができる人に見えるためには、こんな服装をしなければならない」

われわれは知らず知らずにこうしたルールを「正解」だと思い込んでいます。

しかし、絶対安泰だという結婚も企業もありません。それにいい大学とは、本当に偏差値の高い大学のことでしょうか。

私には子どものころから夢中になってきたことがあって、その能力をこそ大学受験で見てほしかったと思っています。それは、蝶《ちょう》の観察で、50歳を超えた今日まで一度も興味を失ったことがありません。私の人格形成にこれほど影響していることはないのに、たとえば蝶の種類を聞いてくる日本の大学入試は存在しませんでした。

国語、数学、英語、物理、化学、英語、世界史、日本史……。そういうペーパーテストで測られる「偏差値」で、その後、どんな会社に入れるかまで決まる世界は「正解」ですか？

そうではない世界も考えられるし、実際にアメリカには「偏差値入試」は存在しません。

日本で生きていくならば、当面この状況に従うしかないところもあるのかもしれません。私はこの現状を変えたくて、今までツイッターなどさまざまな媒体で、「偏差値入試反対」を唱《とな》えてきたのですが、変えることができていません。その意味では、私自身、まだこの問題についてカギとなる質問が出せていないのです。

頭のいい人は自分に質問する

思い出すのは、私の高校時代の畏友《いゆう》、和仁《わに》陽《あきら》のことです。彼は、私が今までに会った人の中で一番賢い人です。私の学年のセンター試験（当時の名称は「共通一次試験」）では、全国1位の成績をとっていました。

その彼でさえ、日本の入試には苦しんで、ある日こんな姿を見かけました。高校から帰る途中、駅で本を読んでいるのを見かけたので、声をかけました。

「何を読んでいるんだい？」

「入試の勉強が大変で、帰りの間くらいこういう本を読まないと、精神のバランスが保てないんだ」

彼が見せてくれたのは、エリザベス1世の伝記。しかも英語の原書でした。

「し、しぶい……！」

ナポレオンのような有名人ならともかく、日本では知っても知らなくても人生においてなんら影響しそうにない人物の伝記です。

私には、「センター入試1位」よりも、「エリザベス1世の伝記」を読んでいたことのほうが、よほど和仁という人物の個性を表しているように思えました。

偏差値入試は正解なんかではないけれど、なかなかそれを変えるのは大変です。世界は変えられなくても、自分の人生を楽しくする工夫はできます。和仁は、登下校という空《あ》き時間だけ、自分の好きな本を読むことで、自分自身を保っていたのです。

一応「正解」とされていることがあっても、「これがすべてではない」と知っていることは大事です。

頭のいい人ほど、「絶対の正解はない」ことを知っていて、質問をたくさんしていきます。それは「こうしなさい」という答えをもらうためではなくて、自分で問題を明確にして、行動をつくり出すためです。

和仁が導き出したのは、「常に決められた勉強だけをしなければならないのが苦しい」から、「せめて移動の時間にはほかにできることがあるのではないか?」という質問です。こんな小さな提案が、この世界での自分の居心地を格段によくしていきます。

頭のいい人はこういう小さな工夫を繰り返しているからこそ、他人が考えた工夫もバカにしません。誰もがのびのびと生きられるように、自分で小さな努力をしていくことが頭のよさなのだと、私は思います。

≫ 他人の答えをもらわない

世界中にファンの多い、イギリスの小説家ダグラス・アダムスのSF小説『銀河ヒッチハイク・ガイド』には、こんな話が出てきます。

「生命、宇宙、そして万物についての究極の質問の答え」を計算するためのスーパーコンピューターをある宇宙人がつくったので、このコンピューターがなんという答えを出すのか、誰もが固唾《かたず》を呑《の》んで見守っています。自分たちを超えた存在だからこそ、その答えが気になっているわけです。

そのコンピューターが、750万年という時間をかけて計算して出した答えは、「42」。

「生命、宇宙、そして万物についての究極の質問の答え」は「42」だそうです（笑）。

「どういう意味なんだ‼」

思わずずっこけてしまいそうですが、やはり誰にも意味が分かりません。また「42」が「究極の質問の答え」であることを、ギリギリ呑み込んだとしても、「その質問自体はなんだったのか」というと、誰も知りません。

「ただ答えが42」というのは、われわれ人間の豊かな営みをまったく無視して、一方的に不条理を突きつけているという意味で、逆に本当のことが書かれているような気もしてきます。

みなさんは、「究極の質問の答えは42」について、どう受け取るでしょうか？

42は極端な例かもしれませんが、他人からなにかの答えをもらったとしても、「え？なにそれ？　どういうこと？」と自分が考えていくしかないことは、なににについても本当のことです。

科学的真実は絶対ではない

みなさんは、科学であれば、絶対の正解を教えてくれるはずだと思ってはいませんか？

私は家のベランダに植木鉢を置いています。その植木にアゲハチョウの幼虫がいたので、さなぎになる日を楽しみにしていました。ところが、ある日幼虫がいなくなっていて、気づくと別の植木にさなぎがついていました。

「ひょっとして、幼虫はさなぎになるときに移動するものなのだろうか？」

そんな質問が湧《わ》いて、たまたま動物行動学者の故日高敏隆《ひだかとしたか》さんにお会いする機会があったので、尋ねてみました。

「そうです。移動します。でも、その理由は分かっていません」

日高さんは、屈託《くったく》なく言います。素朴《そぼく》な疑問だったのですが、これは専門家にも分からない難問のようでした。

考えてみると、「さなぎになるときに移動する」という事実に気づくこと自体、意外と難しいものです。幼虫がいなくなったのは鳥に食べられたのかもしれないし、別の植木についていたのは、別の個体だったのかもしれません。

本当に移動することを証明しようとしたら、番号かなにかを幼虫につけなければなりません。もっとも、さなぎに変わったらその番号がとれてしまう可能性もあります。

たとえ「本当に移動する」と証明できたとしても、「なぜ移動する必要があるのだろうか」と考えを進めてみると、仮説はいくつでも立てられます。

「移動することによって、さなぎになるためには不必要な体液を、外に出すことができるのだろうか?」

「卵からかえった幼虫が、同じ場所で一斉にさなぎになったら、外敵に見つかりやすくなり、一網打尽《いちもうだじん》になってしまうから、それぞれ別の場所に移動することになったのだろうか?」

どの仮説が正しいのか。その中に答えがあるのか。それを証明するのは、きわめて難しいことです。

「科学的真実」という言葉がありますが、それは絶対の真実を意味するものではありません。

「こうだと仮定して、こういう手段を使うと、こうなる」というだけで、その仮定がすべてではないし、その手段がすべてでもありません。科学の答えすら、「絶対」ではないのです。

》専門家にも分からないことがある

なにを隠そう、私も「答えがどこかにある」と信じていた時期がありました。

「この世の大切なことは、どこかに必ず書いてある」

「自分がまだそれを知らないだけだ」

ずっとそう思ってきました。そんな知らず知らずの洗脳が解けた瞬間を、私は不思議と覚えています。

大学生のとき、構内の池のほとりを歩いていたときでした。そのくらいの年になれば、数学や物理で、未解決の問題があることは知っていましたから、「まだ誰にも分かっていない問題というのはあるけれど、答えが出ていることについては、正確なことがどこかに書いてあるのだろうな」と考えていました。

大学で自分で仮説を立てて実験をするというプロセスを繰り返して、「私のやったプロセスを踏めば、いつもこの答えは出るようだけど、ほかのやり方を考えることはいくらだってできる」という科学の経験が大分貯まっていたのでしょう。ぼんやり池の周《まわ》りを歩いていたら、「答えが出ていることについても、絶対はないのだ。世界のどこにも『正しい答え』など埋まってはいないのだ」と、ストンと腹に落ちました。ものすごく自由になれたような、あきらめがついたような、そんな気持ちでした。あのときに、深い病《やまい》を得たとも感じています（笑）。

専門家になればなるほど「こんなにも分からないことがある」と気づいていくものです。自分が知っているよりずっと「世界は広い」と気づいて、それに感動しているから、「分からない」と恥ずかしがらずに言えるのです。分からないからこそ「こうしたらどうだろう?」という小さな質問を出せる。それがプロというものです。

質問力は誰でも鍛えられる

「ケニアの首都はどこですか?」

「世界で一番高い山はなんですか?」

こういう穴埋め問題だったら、誰もが同じ答えを返さなければなりません。

これは正解が決まった中での勝負であり、たとえてみれば、あくまでも足の届く25メートルプールで、うまく速く泳ぐ練習をするようなものです。

しかし、この本で注目したいのは、**「泳げない海をなくすための質問」**です。

正しい答えを出すことではなくて、「こんなことが今できない」「なにが障害になっているのだろう」「こんなふうになったらいい」「こんなふうに変えられるのではないか」と、よちよち歩きでもいいから新しい領域にときめくことが、私たちが鍛《きた》えたい質問力です。

質問力とは、ときめき力です。

「インターネットがここでは使えない」

「怒っている人がいて、自分の居場所がない」

「読みたいけれど、読めない本がある」

「彼氏・彼女ができない」

いろいろな泳げない海がある中で、こう質問する。

「自分たちが居心地よく暮らすためにはどうしたらいいか？」

質問することで問題が浮き彫りになって、解決法が提案できます。正解は誰も知らないし、やっと提案した解決法もおそらくベストではありません。

それでも、まず「問題を見つける」ことによって、少しずつ世界は変わっていきます。質問しなければならないことは、身の周りに無限に潜《ひそ》んでいます。

今よりほんの少しだけでも世界を変える

質問する能力は鍛えられるものです。みなさんは、「TED」という会議を知っていますか？

１９８４年に技術（Technology）、娯楽（Entertainment）、デザイン（Design）の分野で優れた人を集めて議論する会議としてアメリカで始まって、今では毎年、世界中のありとあらゆる分野から、優《すぐ》れた人たちに「広めるに値するアイデア（Ideas Worth Spreading）」を舞台上でプレゼンテーションしてもらい、インターネットで配信されています。

ＴＥＤの一つのセッションに「Make a Wish（世界をこうしたい）」という、参加者で課題を出し合って解決法を考えるセッションがあります。

「あなたは世界をどうしたいですか？」

そんな質問をされたらビックリしてしまう人もいるかもしれませんが、ＴＥＤでは、数秒もたたないうちに次々に意見が出されます。

グーグルとイギリスの自然科学雑誌『ネイチャー』が共催した『Science Foo』という会議があって、そこに行ったときも同じでした。

「今日のスケジュールはなにも決まっていません。問題にしたいことをポスト・イットに書いて、前のホワイトボードに貼《は》ってください」

このとき、私は日本の会議の雰囲気を想像して「なにも決まっていない？　きっと10分や20分、誰もなにも出さないで、ダラダラとした会議になるのだろうな」とイヤな気持ちになりました。

自分で問題を考えて黄色いポスト・イットに書いて、貼りに行こうと席を立ったところ、驚いたことに、そのときにはホワイトボードが見えなくなるくらい、びっしりと貼られていました。おそらく1分も経っていなかったのではないでしょうか。

ほぼ全員が初対面だったのにもかかわらず、「自分の意見など出していいのだろうか」と雰囲気を探り合うようなところがまるでありませんでした。

自分の頭で考える

私はこういう体験をいくつか重ねたことによって、次のことだけはしっかり身についたように思います。

「『世界をこうしたい』というのは、自分が考える問題だ」

ＴＥＤの人たちも、グーグルやネイチャーの会議に参加していた人たちも、おそらく最初から面白い問題提起ができる人たちだったわけではありません。人生の中でたくさん質問を出す練習を重ねてきただけです。

質問が出せるかどうかは、単なる慣れの問題です。あなたが、「『世界をこうしたい』なんて一つも思いつかない」と不安になるとしたら、大げさに考えすぎているのかもしれません。「自分が会社の中で活動しやすくするには、これがあったほうがいいのではないか」「あの人が会議に来てくれたら多様性が出てもっと議論が深まるのではないか」と自分がいる場所をよくするちょっとした工夫でいいのです。

たくさんのアイデアがアッという間に出るからといって、本当にガラリと世界を変えてしまうような大きな質問は、それほど頻繁《ひんぱん》にはないものです。ホワイトボードに貼られていた質問が、全部が全部いいアイデアだったわけではありません。むしろ面白い質問はごくわずかでした。

会議に出ていた人たちは、少なくとも、他人に言われたことをやるのでなく、どんなに小さなことでもいいから、世界が変わるように自分が考えて行動しようとしていました。

提案し続けることによって、徐々にいい質問ができるようになるものです。**どんなに小さなことだろうと、今よりもほんのちょっとでもよくなる可能性のあることならば、それは十分に提案するに値《あたい》する質問なのです。**

≫ ゾンビのように生きる

自分の問題にぶち当たって、今、目の前にAとBという分岐点《ぶんきてん》があるとします。Aをやってみたら、現状よりは少なくとも一歩先に進む。根本的な解決にはならないとしても、少なくとも前に一歩進むなら、それは十分にいい解《かい》です。

完璧な質問が出るのを待ち、完璧に答えなければならないとしたら、人はどこへも行けなくなります。自分に思いつく範囲内で、自分に使える時間内で、ベストを尽くせばいいのです。

今目の前にあるこの一歩が、前より少しでもいい方向に近づくのであれば、それは十分にいい質問であり、いい答えである。これを「ベスト・エフォート形式（＝やれる努力をしっかりやる）」と私は呼びます。

すぐに素晴らしい質問をすることは、不可能です。なにか自分でやってみた一歩が、たとえ失敗してしまったり、すぐに結果が現れなかったりしても、自分で行動したという履歴《りれき》は必ず脳の中に残ります。

絶対的な正解があると思うと、人間はやさぐれていきます。自分がやれることがなくなってしまうからです。たとえあなたがとった一歩が失敗だったとしても、それは、間違っていたのではなくて、その方法ではダメだということを学んだのだから、むしろ一歩進んだと言えます。

どんなにどん底でも、この一歩はとったほうがいいのだから、「その分だけは上がってきた」ということを支えにしましょう。

突き落とされても這《は》い上がる。

そんなゾンビのような生き方を、私は推奨《すいしょう》します。

1章のポイント

・カギとなる質問とは、具体的で自分が行動できる形に変えられること。

・世界には、「問題を解いた人」より「問題提起をした人」のほうが偉いという考え方がある。

・とりあえず思いついたアイデアを実際に試してみることから、イノベーションは生まれる。

・ベストな解決法ではなく、努力できる方法を見つけられるのが、いい質問。

・日本人は正解を早く見つけることに一生懸命になっていて、それが自分たちを窮屈にしている。

・質問とは、思考停止を脱却すること。

・科学的世界にも、絶対的な真実はない。

・今よりほんのちょっとでもよくなる可能性があるのなら、どんな提案でもする価値はある。

2章

質問力とはなにか

質問と疑問は違う

質問するためには、「これでいいのかな？」とか、「なにか変だな」「なにか嫌だな」とモヤモヤ感じていることを、具体的につかまなければなりません。

質問と似たようなものには、疑問があります。同じようなものに見えますが、ここでは、疑問と質問をハッキリと区別します。

疑問：世界に対するあいまいな違和感、ひっかかり

質問：具体性があり、解決に導く

と定義するなら、あいまいな疑問を具体的な質問に変えることが重要です。

疑問：感情力（モヤモヤと違和感を感じる力）

質問：論理力（具体的に解決につながるように提案する力）

と言えるのかもしれません。

あいまいな違和感は、どうしたらいい質問に変わるのでしょうか。これには、感情と論理の橋渡しができるようにならなければなりません。そこでカギになるのは「メタ認知」です。

「メタ認知」とは、自分の感情を冷静に観察し、「今、自分の状態はこうだ」「自分はこんな感情を持っている」と気づく力のことです。

なんとなくモヤモヤしたり、イライラしたりしていても、「自分はこんな感情でいるのだな」と言葉で認識することなく過ごしている人が多いようです。自分が「なにかイヤだと思っている」とまずしっかりと把握《はあく》しないと、「変えよう」という気持ちになることはできません。

いい質問は、自分の感情を常にメタ認知していないとできないものです。

感情力。メタ認知力。論理力。

これがいい質問を生む「三つのステップ」です。詳しく説明していきましょう。

自分の中の違和感に気づく

『ウェブ進化論』（ちくま新書）を書かれた梅田《うめだ》望夫《もちお》さんと対談したとき、こんなお話を聞きました。

昔、梅田さんの先生にあたる人のところへフロッピーディスクが届いたそうです。まだCDすら開発されていなかったころのことです。

そのフロッピーディスクは大事なものなので、厳重に梱包《こんぽう》されていました。その包みを見て先生は、梅田さんの目の前で猛烈《もうれつ》に怒り出し、ビリビリと破り始めたのだそうです。

「俺に必要なのは、このフロッピーディスクの中身だけなのに、なぜこんなにも余計なものがついているのだ！　どうしてこんなに回りくどいのか！」

彼はそう叫んだそうです。大事なデータを守るために何重にも梱包するという「常識」に強烈な違和感を抱いたのです。

考えてみれば、必要なのはデータだけで、その周りについている梱包は余計ではありません。現在では、インターネットでソフトをダウンロードすることが常識になりました。梱包どころか、データの周りについていた物理的な「モノ」は、ドンドン削られてきています。

しかし、当時の人たちからすれば、大切なデータの入ったフロッピーディスクを保護するために梱包したのに、「なぜ怒られるのか」と困惑したに違いありません。

「なにか変だ！」「イヤだ！」

その梱包に違和感を持つことのほうが、難しかったはずです。

「データが届くと、いつも梱包をほどかなければならないのは面倒くさい」

「もっと違うやり方があるはずだ」

「これは私が望んでいるものだろうか」

こうしたモヤモヤする気持ちを「『こんなものはいらない』と私は感じている」とメタ認知ができたとき、論理の力で次のように質問することができるようになります。

「どうしたらデータだけを届けられるのだろうか？」

おそらくこうした質問があったからこそ、フロッピーディスクから、ソフトのダウンロードへの進化が起こってきました。

日常生活でも、コンビニエンスストアで、賞味期限切れのお弁当が大量に廃棄《はいき》されていることについて、違和感を持っている人はたくさんいるのではないでしょうか。

その違和感をモヤモヤのまま終わらせないで、ハッキリと「私はこれがイヤなのだな」とメタ認識して、「では、どうしたらムダをなくせるか？」と質問をしていく。

こうして論理の力で一つ一つ具体的に解決できる質問に書き換えることができます。

現状へ違和感を持つ感情力。

それに気づくメタ認知力。

「どうするか」考える論理の力。

これらが一体となっていい質問が生まれます。感情が、質問のスターティング・ポイントです。

感情と論理の橋渡しをする

どうしても「質問力」を考えるのに、感情とはどういうものか、論理とはどういうものか、を説明しておかなければなりません。現代の脳科学で明らかになってきた「感情」「論理」は、日常言語で使われているそれらとは少々意味が異なります。

みなさんは、「感情的になってはいけない」と思ってはいませんか？

あるいは、「論理」に、ちょっと非道で、冷たいイメージを持っていませんか？

現代の脳科学では、感情と理性とは一体のものだと考えられています。感情なしで理性は存在しないのです。

私たちが、「これが理性だ」「これが論理だ」「これが正解だ」と考えているものこそ、実は感情に支配されています。

イソップ童話の『すっぱい葡萄《ぶどう》』がいい例です。キツネが、高いところになっているぶどうを「おいしそうだなあ」「食べたいなあ」と眺めています。キツネは木に登ろうとしてみたり、ジャンプしてみたり、自分にできることを試してみますが、ぶどうを取ることができません。そのうちにこう信じ込むようになります。

「なんだ、あんなぶどう、おいしくないに決まっている」

「どうしても食べたい」のに、どうしても取ることができない。

自分の強い欲求が実現できない居心地の悪さを解消するために、人間は、無意識のうちに信念（つまり「あのぶどうはおいしいに違いない」というもともとの確信）を書き換えてしまうことがよくあります。

キツネは、「おいしそうだ」と思ったくせに、自分が取ることができないと分かった途端に「おいしくないに違いない」と非難するようになってしまいました。ぶどうはなんにも変わっていないのにもかかわらず……。

このように人間は、自分の感情をもとにして、信念をつくっています。

感情をごまかさない

実際に、アメリカの心理学者、レオン・フェスティンガー博士により、こんな実験が行われました。

それは、単純でつまらない作業を長い時間させたのちに報酬《ほうしゅう》を与えるというものです。ある人たちには低い報酬が渡され、別のある人たちには高い報酬が渡されます。その後、「この仕事はどのくらい楽しかったか」というアンケートに答えてもらいます。

驚くべきことに、同じ作業をしたにもかかわらず、低い報酬をもらった人たちは、高い報酬をもらった人たちよりも、「楽しい仕事」だったと答えました。

単純な作業で苦痛が大きい仕事のうえに、低い報酬しかもらえなかったとしたら、「最悪な仕事じゃないか！」と、人は思うものです。

しかし、面白くない仕事で、お金も少ないとなったら、当人にしてみれば、自分がなんのために時間とエネルギーを費《つい》やしたのか、分からなくなります。

だからこそ、その居心地の悪さを解消するために、「自分がやったのは、本当は意味のある、楽しい仕事だったのかもしれない」と信じ込むようになってしまうのです。

居心地の悪さを解消しようとして、ムリに正当化をしてしまう。これを**「認知的不協和」**と呼びます。みなさんにも思い当たることがありませんか。

たとえば、とても大好きで「いいところばっかり」の人がいたのに、フラれてしまった途端に、「あんなヤツ最低だ！」と思い込むようになってしまう。キツネが「あのぶどうはすっぱいに違いない」と信念をすり替えたのと同じです。

自分が「こうだ」と信じ込んでいることは、実は感情をベースにつくられた偏見《へんけん》にすぎません。

「あいつは最低なヤツだ」という自分の信念は、根拠のある「事実」だと思い込んでいますが、実は、「手に入れることができなくて悔しい」という感情からつくられているものです。

「感情」から「自分の中の真実」がつくられます。自分の世界の見方は、感情に左右されています。

だからこそ、**自分の感情をごまかさないで、ありのままに気づくこと、すなわち自分の感情を素直にメタ認知することがとても大事なのです。**

居心地の悪さを正当化してしまうのではなく、「自分は今これが悔しいのだな」「これで傷ついて悲しいのだな」とそのままにメタ認知して、「ではどうしたらいいだろう?」というポジティブな方向へ進む。そうするのが、質問なのです。

誰の人生にも偏りがある

一番広い意味での感情は、こんなふうに定義することができます。

「どういう答えでもいいのだけれど、なぜかその答えを選んでいる」

さまざまな職業があるのに、私はなぜだか科学者を選んでいます。

もしかしたら編集者だったかもしれないし、記者だったかもしれない、あるいは看護師や主夫だったかもしれません。

私は、子どものころから、蝶を捕るのが好きで、アインシュタインの本が好きで、物理学が好きで、ロジャー・ペンローズの本が好きになった……。そのときどきに自分が出合うものの中で、「こっちのほうがいいな」「今はなんとなくこっちをやってみよう」と選んできた結果、科学者になりました。つまり、感情が職業を決めたのです。

子どもを観察していると、「これイヤ！」とポイッとおもちゃを放ったり、「これスキ！」と手放さなかったり、初めから好き嫌いがあります。それには別に理由はありません。根拠があって好きなわけではなくて、その子の生まれ持った性質がそうさせています。

「どんな仕事を選ぶか」なんて大事な問題は、熟慮《じゅくりょ》したうえで（つまり論理で）決めているように見えますが、絶対にそうではありません。なぜかと言えば、正解のない問題だからです。

科学者でも編集者でも野球選手でも電気屋でも、その人が楽しいと思って打ち込めるのならどれも素晴らしいのであって、「どういう仕事がいいか」など誰にも決定できません。論理的には1位は決まらない。だから好き嫌いで決めているのです。

正解がないから、どうすればいいか論理では決められないところに、感情が「なんとなくこっちが好きだな」と偏《かたよ》りをつけてくれる。感情によって誰もが今いる場所へ導かれてきたのです。

生きることは、偏りがあるということです。神様ではないのだし、人はみな偏っていて、その偏りが「自分」を表すと言っていい。

誰もが偏っていて、独自の特徴を持っています。だからこそ正直にそれをメタ認知するべきで、そうすれば自分の道を拓《ひら》くことができます。

偏っていることは悪いことだと思われがちですが、そうではありません。人生の問題について論理的な正解はいつまでも出ないし、感情が偏りをつけてくれなければ、私たちは行動できなくなってしまいます。

問題なのは偏りがあることではなくて、偏っていることに気づかないことです。認知的不協和で見たように、自分が持っている世界の見方が偏見であると気づかず、正当化してしまう。そうしてしまうと、自分らしい道を知らずに生きることになります。

論理の力で解決する

それでは、論理とはなんでしょうか。

メタ認知を通して気づいた自分の偏りを修正し、実行、失敗を繰り返し、新しい世界に導く力のことです。

論理は、メタ認知して言葉にしたものに対して働きます。つまり、あいまいな感情を「カギとなるいい質問」にする最後のひと手間にすぎません。実際に感情は生まれつきのものですが、論理力は、人間の発達の段階としても最後に身につくものと言われています。

感情がすべての基本です。こんな感情を持っていて恥ずかしいと邪険《じゃけん》にしたり、ムリな正当化をしたりすることなく、ありのままにメタ認知して自分の育つ種にすることが必要なのです。

自分の感情に気づくレッスン

自分がどんな偏りをもった人間かを知るレッスンをしてみましょう。

レッスン1

あなたが人生の中でした重要な決断を一つ思い浮かべてください。

たとえば、進学先、就職先をそこに決めたとき。この人に告白しようと決めたとき。会社を辞《や》めようと決めたときなど。決め手になったと思う理由をできる限り多く書き出してみてください。

あなたはなにを大事にする人なのでしょうか。自分が論理で決めたと思っているその理由のほかに、考えられる理由はありませんか？

自分が今まで気づかなかった、ものごとを動かしていた大事な理由が見えてくるかもしれません。

レッスン2

あなたが今、心の中でついつい批判してしまう人がいるとしたら、なにがイヤなのか、なにが原因なのか、書き出してみてください。本当にその人が原因であることもあれば、あなたが原因であることもあるでしょう。

たとえば、執拗《しつよう》に誰かの行動が気になって非難してしまうとき。その誰かが悪いのではなくて、その人が持っているポジションにあなたが嫉妬《しっと》しているだけなのかもしれません。

質問とは自分との対話

私のライフワークは、「クオリア」です。

赤い色を見ているときの、その赤い質感。好きな人の前にいるときの、そのドキドキする感覚。冷たい飲み物の入った透明なグラスについた、汗をかいているかのような、その水滴の質感。

私たちが心の中で感じているありとあらゆる「質感」をクオリアと呼びます。このクオリアが脳の中でどのように生み出されているのかは、まだ誰も解いていない、ノーベル賞100個分にも相当する、難しい質問です。

なぜそんなに難しいかといえば、これが問題であるということすら気づきにくいからです。

赤い光という物理刺激が、目に入って細胞を刺激して、電気信号に変換されて、脳の中を駆け巡る。そうして、赤い色が見えるわけです。

その物理的な過程をすべて書き下すことができれば、「赤い色が見えるときになにが起こっているか」が説明されたことになります。

ほとんどの科学者がそう思っていたし、今でもそう思っている人たちは多いようです。けれども、どうして700ナノメートルの波長の光、脳の中の電気信号が私たちの心の中の「赤い質感」に変わるのでしょうか。

「質感」とはいったいなんなのでしょうか。

物理的な脳に起こる過程とはどう対応しているのでしょうか。

私は、31歳のとき、電車の中で揺られながら、いつものように考えごとをしてノートにたくさん難しい計算式を書きつけていました。すると突然「ガタン、ゴトン」と、電車の立てる音が耳の奥に響いてきたのです。

ガタン、ゴトン。ガタン、ゴトン。

「この音は何ヘルツ、それが耳のこの細胞をこう刺激して、脳の領域を、このようにして伝わる」

「それはそうだろうけれど、その物理的過程がどうしてこんな音の質感に変わるのだろうか？」

「私の感じているこの音は、そんな説明には回収されない、独特の質感を持っているのではないだろうか？」

啓示のようにそうハッキリと感じて、鳥肌が立ってしまいました。

私は、この問題に気づいたことによって、「クオリアの人」として仕事をいただけるようになりましたし、なにより一生飽《あ》きずに考え続けられる自分のテーマを得ることができました。

外から問題を与えられるのではなく、自分の問題を見つけると自立して生きていけるようにもなるのです。

このような**自分を一生支えてくれる発見や、ひらめきは、どのようにして起こるのかと言えば、それはやはり、自分の感情との対話、つまりメタ認知を通して起こります。**

私は、同じ業界の人たちの論文を読んだり、学会発表を聞いたり、彼らと議論したりしていて、物理的な説明で満足するような発言にずっと違和感を覚えていました。しかし、モヤモヤしながらも、同じようなアプローチで研究していたし、その違和感がそれほど明確になってはいませんでした。

長年「なにか違う」「どうしてなんだろう?」「なにがイヤなのだろう?」と自分に問い続けて、ようやくこの電車に乗っている瞬間に、ハッキリとメタ認知できました。

自分自身をメタ認知する

自分自身を知るのは、本当に難しいことです。性格についても同じで、他人から見れば一目瞭然《りょうぜん》でも、自分では気づいていないことがあります。他人が見るように自分のことを見るのがメタ認知なわけですが、それには練習が必要です。

私は50歳まで、自分に落ち着きがないことに気づきませんでした。何度も他人からは「落ち着きがない」と指摘されていたにもかかわらず、です。

小学校に入学した最初のホームルームのときに、ソワソワしていたのか、「ボク、飽きちゃったかな？」と先生に声をかけられて、真っ赤になった思い出があります。以来、成績表には常に「落ち着きがない」と書かれていました。

それなのに、そういう言葉を自分で聞いて本当に納得するまでには、とても時間がかかりました。

私は、小学校や、中学・高校で、講演会をやらせていただくときに、メタ認知の練習をしてもらうことがあります。

生徒を壇上《だんじょう》に呼んで、自分の欠点を話してもらいます。次に、その友人たちも呼んで、その子についての意見を聞きます。自分が見ている自分と、他人が見ている自分がどれだけ違うのか、言葉にして体験してもらうためです。

あるとき、こんなことがありました。

ある生徒の欠点について、友人が「話が長い」と指摘しました。私が「彼は、『君は話が長い』と言っているけれど、自分で気づいていた？」と聞くと、本人は「気づいていなかった」と言います。

その友人に、「今、初めて言ったの？」と私が聞くと、「何度も『話が長いぞ』って肩をたたいたり、ふざけたりしてきた」と言うではないですか。

他人は、自分についてさまざまなシグナルを送ってくれています。直接的に言葉で指摘することもあれば、顔の表情に出していることもあります。それなのに、どうしてか気づかずに過ごしてしまいます。ときには、こうして明確に、自分自身を厳しく見る機会があっていいと思います。

欠点と長所は表裏一体

欠点を他人に指摘させるなんて、「ひどい講師だ」と思われるかもしれません。しかし、「欠点は長所と一体となっている」というのが、脳科学の常識です。

私自身は「落ち着きがない」という欠点を持っているわけですが、それは裏を返せば「切り替えが早い」という長所でもあります。この落ち着きのなさのおかげで、研究をしたり、文章を書いたり、テレビに出たりと、複数の仕事をかけもちすることができています。自分で欠点を自覚できた後のほうが、それを長所として活かすことができるようになりました。

欠点とは「直さなければならないところ」を言うのではなく、その人の大切な個性です。他人が見るようにちゃんと認識することで、自分をより活かせるようになります。

他人の言葉は、拾おうと努めれば、恵みになります。私自身、これまで他人からかなりの批判を受けてきました。

「なんでも屋だ」

「科学者なのにテレビに出て不真面目だ」

「あんなにテレビに出ていたら、ろくに研究ができていないに違いない」

「うさんくさい」

初めはどうしてそういうことを言われるのかよく理解できませんでした。しかし、好意的な意見から批判的なものまで、人の言うことをたくさん聞いているうちに分かったことがあります。

「自分は本当に落ち着きがないおかげで、多種多様な仕事がやれているんだな」

「批判はもっともで、そう見えるのは仕方がないけれど、どの仕事をやるときも、自分なりのベストは尽くしているからこれでいい」

そうやって生き方について納得できるようになりました。

自分の問題を明確にすることは、とても勇気と練習のいることですが、よりよく生きるためには絶対に不可欠なことです。

いい質問ができれば、答えは半分出たようなもの

私は、最近ＬＩＮＥブログで『脳なんでも相談室』を開設して、読者の方に自由に相談ごとを書き込んでもらっています。ここに寄せられる質問を見ても、「自分の問題をちゃんと把握できていないな」と感じることがよくあります。

たとえば、入試が終わったばかりの3月には、こんな質問がありました。「大学受験に落ちてしまいました。浪人する気がありません。でも科学者になりたいと思っています。大学に行かなくても科学者になる方法はありますか？」

余談ですが、受験関連の質問は本当によく寄せられます。偏差値重視の「受験」というものが、どれだけ子どもたちの負担になっているかが見えるので、私は憤《いきどお》りを感じます。私が「世界を変えたい」と思うことの一つは、日本の偏差値入試です。

この質問をした人の中核にある気持ちは、次のようなものではないでしょうか。

「大学受験に疲れてしまった。今はもう努力する気になれない」
だから本当は「大学に行かなくても科学者になる方法」が聞きたいのではなく、次のことが聞きたいのではないでしょうか。

「どうしたらもう一度勇気を振り絞って困難に立ち向かっていけますか？」

自分で自分自身の中核にある感情に気がついて、このように質問することができたなら、「ああ、今は疲れているのだな。少し休むことが先決だ」という解が出てくるはずです。自分自身をごまかさず、自分がとらわれている感情に気がつくことが重要なのです。

もしも本当に大学に行かずに科学者になることを考えるならば、次の質問もすべきです。
「大学に行かないで科学者になるのと、大学に行って科学者になるのとでは、どちらのほうがより努力や才能を必要としますか？」
この質問ができれば、大学に行かないで科学者になることは可能ですが、ほとんどの人にとっては「大学に行かないで科学者になるほうが才能と努力が必要だろう」ということが明らかに見えてきます。

疲れていることが今問題なのに、大学に行かないで科学者になろうとしたら、もっと大変なことになってしまいます。疲れていると自覚できたら、「浪人したほうがいい」という解に至るかもしれません。

「いい質問ができれば、答えは出ているものだ」とよく言われますが、それはこの意味で本当なのです。**何が問題かが正確につかめていれば、自ずと解は出てきます。**

自分の状態を正確に把握するのは難しいことです。人はたいてい、自分の感情をごまかして、あいまいに把握しています。

もしも「疲れてしまった」と感情を正確に把握することができたなら、その瞬間に「じゃあ、休もうか?」と論理の力で答えを導けます。**自分の状態をごまかさなければ、瞬時に解決に導くような「いい質問」ができるようになります。**

人生の選択肢を広げるツール

質問することがなぜ大事なのでしょうか。ここまでお話ししてきて、なんとなく理解できたのではないでしょうか。

世の中には、本当の答え、正解があるわけではありません。またあるとしても、一つとは限りません。私たちが答えだと思っているものは、多くの人が「なんとなくこれが正しい」「このへんが妥当《だとう》だろう」と勝手に思い込んでいたり、信じ込まされたりしているものです。いわゆる常識とか道徳、しきたり・作法、ノウハウ、過去の成功体験などが、それに相当します。

しかし、それが今も、そしてこれからも通用するとは限りません。また、誰にでも当てはまるものでもありません。

99人には有効でも、たった一人には不便このうえないことがあります。不便に感じている人が、「99人がいい」と言っているからといって、自分だけ我慢する必要はないはずです。もっとほかのもの、ほかのやり方、自分にピッタリ合うものに変える自由はあります。

誰もが自分にとっての気持ちのいい生き方を模索《もさく》する自由を持っています。その選択肢をつくり出すツール。それが、質問です。

答えがあるかないかも分からない。もしあっても、たくさんある中から選ぶのは大変。だったら、質問なんてしなくてもいい……。

その考えは一理あるように見えますが、違います。それは、「思考停止」です。答えがあるかどうか分からない、そしていくつもあるかもしれないからこそ、質問していきます。本来、工夫するのは楽しいことです。

あなた自身、困ったとき、「どうしたらいいだろうか」「どんなことをすればいいのかな」と無意識に自分や周りにいる誰かに問いかけているはずです。それをもっと自覚的に、結果に結びつくようにしていけばいいのです。

一気に大きな前進を求めるから、質問することがもどかしく見えてしまうのかもしれません。みんなが言う「正解」、みんなが言う「ベスト」ではなく、今の状況がほんのちょっとでも快適になる、自分ができること。それを実際にやってみるだけでいいのです。

改めて言いますが、質問とはなんでしょうか。

質問とは、現状を少しずつ、しかし結果的には大きく変えていく力。

自分にとってのいい生き方・行動・思考を導き出す力。

質問によって、自分が快適に生きるための新しい選択肢《せんたくし》ができます。

世の中には三つのタイプがいる

カテゴリー分けはあまり好きではありませんが、大まかに言って、世の中には2種類の人間がいます。ここまで読んだあなたなら、もうお分かりになるかもしれません。

それは、「質問ができる人」と「質問ができない人」です。

質問ができるかできないか——。それは、人生において大きな差をもたらすと言っても、過言ではありません。

質問によって得られるものはなんでしょうか。

一つは、問題解決。

質問することで、具体的に取り組むことが可能になり、結果が出る。結果が見えれば、自信もつくものです。

そして、自分自身を知ること。

自分のことはたいていよく理解できていないものです。

本当はこういうことがしたかった。あのときはこんなふうに思っていた。嫌いだと思っていたものが実は好きだった……。

質問は、そうした自分自身が気づいていない本当の自分に気づかせてくれます。

質問とは、極《きわ》めてクリエイティブな行為です。質問をしていくことで、自分の人生を変えていく。質問で自分の人生を自由につくっていくと言っても、決して大げさではありません。

質問をしなければ、自分で自分の人生をつくり出すことはできません。ある意味では、他人がつくったルールや常識、やり方に従って、唯々諾々《いいだくだく》と人生を送ることになります。

創造性も自由もない。そんな人生を送ることになりかねません。

世間体や常識、誰かがつくったルールの範囲内で人生を送るのですから、本当の意味で自分の人生を充実させることが難しくなります。それは、決して居心地のいいものではないはずです。自分の人生を無為《むい》にすることにつながっていきます。

質問する人の二つのタイプ

質問ができる人と質問ができない人。この二つのタイプがいると申し上げました。より正確に言うと、質問ができる人も、さらに二つに分けることができます。それは、「いい質問ができる人」と「悪い質問をする人」です。

従って、世の中には三つのタイプがいます。「いい質問ができる人」と「悪い質問をする人」そして「質問ができない人」です。

質問は、むやみにできればいいというものではありません。「いい／悪い」の境界線は、ハッキリとありますが、多くの人はそのことに気づいていません。

自分がいい質問をしていると思っていても、実は悪い質問をしているケースは多く見られます。残念ながら、ほとんどの人が、このケースに当てはまります。

いい質問をすれば、行動することでモヤモヤが解消できるし、結果も出せるようになります。

悪い質問をすると、どうなるのでしょうか。

モヤモヤを一時的には解消できますが、根本的には解決していないので、何度も同じ問題に遭遇することになります。自分自身が成長していないので、何度も同じモヤモヤを抱えてしまいます。

いい質問と悪い質問——。そこには、どんな違いがあるのでしょうか。それを次章でお話ししていきます。

2章のポイント

- 疑問とは、曖昧な違和感。質問とは具体性があり、解決に導くもの。両者は根本的に異なる。

- いい質問をするためには、感情と論理の橋渡しをしなければならない。

- 居心地の悪さを解消しようとして、ムリに自分自身を納得させることを「認知的不協和」といい、多くの人が無意識にしている。

- 感情から自分の中の真実がつくられる。

- 誰もが偏りを持っていて、独自の特徴を持っている。

- 発見やひらめきは、メタ認知を通じて起こる。

- 自分自身をメタ認知することは、本当に難しい。

- 世の中には、「いい質問ができる人」「悪い質問をする人」「質問ができない人」の3タイプがいる。

3章

いい質問、悪い質問

知識と教養は違う

質問は、自分に向かって、あるいは、他者に向かってするものです。

人間に質問するときは、コンピューターに質問するときとは違って、「質問」と「答え」の関係が簡単ではありません。

コンピューターに質問するときは、

「明日の天気はどうですか？」

「降水確率40％です」

「喫茶店はどこにありますか？」

「（グーグルマップが出てきて）ここと、ここと、ここにあります」

というように、彼らは、まるでテストにでも答えるように、的確な答えを出してきます。つまり、「知識」そのものを返してきます。

ところが、人に質問するときは、質問する側も自分がなにを聞きたいのかよく分かっていないことがあったり、答える側もテストに答えるのとは違って、相手によって異なった回答をしたり、今、思うことを会話中ただ一生懸命に伝えようとするだけです。

決して正解などないし、相手にとっても自分にとっても「予想外」の回答であればあるほど、発見があるし、喜びがあります。

考えてみれば、会話は質問の連続です。常に適切な、正しい答えだけを出してくる相手というのは、会話においては、むしろ嫌われるかもしれません。

中国の賢人孔子《こうし》は『論語』の中で、こんなことを言っています。

「たくさんの本を読んだとしても、
どこへ行って、誰と会っても、適切に応対ができる、
ということにならなければ
たとえどれだけ読んでいたとしても意味がない」
（『論語』子路第十三、著者意訳）

孔子は、他者との応対にこそ「人間の知性が表れる」と言っています。

質問があれば「正しい答えが一つあってそれを答えればいい」という単純な関係では、人間の会話は成り立ちません。

「この人には、こういう言い方をしたほうがいい」

「あの人だったら、これを知ったら喜ぶだろう」

「こんな職業の人がこの場にはいるから、この話題に配慮しよう」

「この人はプロだから、これをやったら失礼だ」

個人に合わせて、状況に合わせて、答えが変わってくるのが「教養」です。

「知識」と「教養」は違います。

われわれが磨《みが》きたいと思っている「いい質問」「いい答え」というのは、この「教養」の側に属します。

質問とはカウンセリング力

心理カウンセラーは相手の隠し持っている気持ちを引き出すプロです。その中でも、ユング心理学を学ばれ、箱庭療法を日本に導入し、文化庁長官を務《つと》められた、故河合《かわい》隼雄《はやお》さんを私は敬愛しています。

河合さんがタクシーに乗ると、運転手さんが自分の身の上話を始めて、目的地を通り過ぎてなお、いつまでも話をしてしまうことがよくあったそうです。

運転手さんは、もちろん相手がそんな心理学の大家だなんて知らないし、河合さんも、「そうですか」とうなずいているだけです。河合さんには、そこにいるだけで、なぜか人の内面を引き出してしまう力がありました。

河合さんが言っていたことで私が忘れられないのは、次の言葉です。

「人の話は自分の中心を外さないで聞く」

喫茶店の中で、女性二人が失恋話などをしていて、「そうなの？　ひどーい！」と相手にピッタリ寄り添うような言葉が漏れ聞こえてくることがよくあります。

意外なことに、河合さんは、カウンセリング中、そういう共感的態度を絶対にとりませんでした。

「私はこうだけど、あなたはこうだったのだね」

自分の中心を絶対にずらさないのだそうです。

そういう聞き方をしないと、実際に患者さんが治らなかったのです。

大事なのは、「自分とまったく同じように感じてくれること」ではなくて、「自分の話をよく聞いてくれるけれども、自分とは違う存在がいること」なのではないでしょうか。

世界が自分と同じになってくれることではなく、自分とは違う文脈が確かに存在していることに救われる。

河合さんのように、どっしりと中心を外さない安定した人間を目の前にすると、安心して、まるでロープにしっかりつながって、深みに降りていくように、不安定な自分の核心にまで降りていくことができるのでしょう。

質問することは、正しい答えを得ることではなくて、質問する人が、自分で質問をしたことによって、気づきを得ることです。

その意味では、質問力はカウンセリング力でもあります。

先ほどから言っているように、自分が本当のところなにに困っているのか、なにが知りたいのかは、分かっていないことが多いものです。

河合さんのように、「答えない」でどっしりいてくださることが、「解決」を導く場合があります。直接答えを与えてもらうばかりが解ではないのです。

人生の問題に関しては、「ちゃんとした質問があって、答えがある」という構造にはどうもなっていません。

面白いのは、自分が意識的に質問していなくても、全然関係ないところで突然答えに出合うことがあることです。

「なんだ、これは！　こういうものが欲しかったのだ、私は！」

突然の出合いによって、自分が知りたかったことの中身が初めて見えてくることがあるから、質問と答えの関係は、本当に複雑です。

あなたの質問はナイーブかもしれない

ここまでに挙げた例で明らかなのは、**「いい質問ができないのは、知識が足りないからではない」ことです。**1章でお話ししたように、むしろ自分が知らないことがまだまだあるという実感、それについてのときめき力こそが、いい質問をするのに必要なものです。

私がケンブリッジ大学に留学していたとき、よく経験したのが、**「ナイーブな質問は無視される」**という経験です。そういう経験も、質問力を鍛えるのに必要な体験だったと感じています。

たとえば、学者たちが集まる大学のディナーに、別の業界の友人を連れて行ったとします。その人が、たまたま横に座ることになった、若手の脂《あぶら》ののった脳科学の研究者に、こう聞いたとします。

「朝何時ごろ勉強するのが脳にいいのですか？」

私は100％確信するのですが、この質問は、まるで存在しなかったかのように、スルーされてしまうでしょう。

質問をした当人からすれば、学者というのいわゆる「頭がいいはず」の人に、脳のことを聞くのは最適だし、相手の学者にとっても「自分の専門の内容を聞かれるのは気分のいいことだろう」と思うのかもしれません。

しかし、これは正直に言って、ナイーブすぎる質問です。「デザートでも取ってこようかな」といって席を立たれても仕方がない。

その質問をした人が、「頭が悪い」からでも、「脳科学の知識を持っていない」からでもありません。そういうことでバカにして席を立つのではないのです。**席を立たれてしまうのは、「人間に対する見通しが、あまりにも陳腐《ちんぷ》だから」です。**

「何時ごろ勉強するのが一番いいのか」という質問を詳細に考えてみましょう。そもそも誰かにとっての「一番いい」はどのように決まるのでしょうか？

「勉強」というのもなにを指すのか不明ですが、仮に、その人が聞きたいのが、「記憶する効率を上げるにはどうするのが一番いいのか」という意味だとしてみましょう。

科学的な実験で、記憶の効率を高めるためには、何時ごろに勉強して、何時ごろに眠るのがいいというデータがあったとしましょう。しかし、そのようなデータは、ほかの時間帯にやるよりもたとえば10％程度効率が上がるというようなデータにすぎないものです。

自分の生活スタイルの中で、ムリをしてでも、その時間帯にやるべきなのかどうかは、人によって違います。

無理をして朝8時からやって10％効率がよくなることよりも、夜の空き時間にやって、その分ほかのことを効率的にするほうが、全体的に見て価値が高くなることもあります。


データを真《ま》に受けて、そのとおりに実行することが正しいと思い込んでしまう人は、「他人に基準を求める人」です。

「朝やるのがいい」と聞いて、朝8時から勉強をして、実際に「いい大学」の入試に通ったとしても、その人の人生は、他人に従っていくだけかもしれません。独自に考えて、工夫して、イノベーションを興していくような人とは違う――。そういう意味で、この人は「ナイーブ（単純で未熟）」と判断されてしまうのです。

「こうするといい」と専門家なら分かっていることを教えてもらって、それに従おうとする質問は、悪い質問です。

ソクラテスならこう聞く

ナイーブな質問とは、どんな質問なのでしょうか？

それをしっかり理解していただくために、いくつか例を挙げましょう。

「脳にいい食べ物はなんですか？」

「睡眠時間はどれくらいがいいですか？」

「能率を上げるには、なにから始めるのがいいですか？」

「英語は何歳から始めるのがいいですか？」

「英語を勉強したいのですが、おススメの本はありますか？」

これらを、人類の中で最高の知者と呼ばれる古代ギリシャ人ソクラテスに質問することを想像してみましょう。ソクラテスだったら、なんと言うでしょうか？

ソクラテスは、相手と質問のやりとりをして、問題の核心に気づかせるというアプローチをとったことで知られています。

私は、ソクラテスなら、まず「前提を聞き始める」と思います。

「君が前の晩たまたま仕事が忙しくて、午前5時まで起きていたとしよう。朝8時からと言うと、睡眠は3時間しかとれないことになるけれど、それでも8時からやったほうがいいと言うのかね？」

「効率よく勉強するのには、十分睡眠をとってからのほうがいいのではないのかね？

そのときは午前10時からに変わるのではないかね？」

「君が住んでいる場所の緯度はどれくらいで、日の出は何時かね？　北国の冬で、朝8時が真っ暗だったとしても、8時からやるのがいいのかね？」

「朝8時というのは、君が起きてから何時間後のことなのかね？　起きてから8時までの間は散歩をしているのかね？　それとも家でボンヤリしているのかね？」

「体の調子によっても変わるのではないのかね？」

ソクラテスはこうした前提を明示していくことによって、「朝8時に勉強するのが一番いい」という1個のデータを、純粋にそのまま信じるべき絶対のものとしてではなく、状況によって変わるものだと理解させることでしょう。

1本の木を、純粋ななにもない空間ではなく、複雑な森の中で見るように仕向けていく。どれだけ複雑な文脈を想定できるか、それが人間についての見通しの深さです。

たとえ「朝やるのがいい」といっても、一晩中働かなければならない人たちはどうしたらいいのか。いろいろな条件で暮らしている人がいますから、「こうすべき」など一つに決まるはずがないのです。

「世の中は複雑で、その複雑なパラメータ（変数）の中でものごとが決まっていく」

これは絶対に身につけるべき教養です。

ここからはなにが悪い質問で、なにがいい質問なのか、具体的に説明していきます。

悪い質問①正解を直接求める

正解は世の中のどこにもありません。もしあるとすればそれは、とりあえず「正解」だとされて世の中を流通しているだけのものです。たとえある条件では正しいのだとしても、そのデータは複雑な文脈の中で判断しなくてはなりません。

「英語は何歳から始めるのがいいのですか?」

幼いうちからやったほうがいいというデータは、あります。大人になってからでは、頭の中で母語が確立されてしまっているから、新しい言語学習が母語によって邪魔されてしまうことがあるのかもしれません。

しかし、英語を本気で学びたいと思ったのが、大人になってからだったら、みなさんは、このデータがあるからといって、あきらめるべきなのでしょうか?

英語を本当に学びたいと思ったら、「学びたい」と思ったその時点からやるしかありません。

イギリスの小説家ジョセフ・コンラッドは、ロシアに生まれ、20歳を過ぎて初めて英語という言語に触れたと言われています。つまり、かなり大人になってから、本気になって自分で勉強して、英語の小説を書くようになったということです。代表作『Heart of darkness』（『闇の奥』、あの名作映画『地獄の黙示録』の原作です）は、英文学史に残る傑作です。

大人になってからでも英語を学ぶことは可能です。ネイティブ以上のプロになることもできます。

「何歳からやるのがいい」というデータを真に受けて、「もう遅い」とあきらめる必要はありません。理想的なことがたとえあるとしても、今の自分にできることをやっていけばいいのです。

「何歳から始めるべきか」に対する私の答えは、これです。

「人の数だけ、答えがあります」

正解を他人に求める質問は、悪い質問です。

悪い質問②おススメを聞く

「英語を勉強したいのですが、おススメの本はありますか？」

これは私がよく聞かれる質問ですが、その人がどういう趣味の人で、今までどんな生活を送ってきたのかということを、私は知りようがありません。

私が好きで読んできた本、いいと思った本が、その人にいいとは限りません。そんなことは人に聞かずに、本屋の洋書売り場、アマゾンの洋書売り場を覗《のぞ》いて見るほうがよほど早い。

科学の世界では、文献はほとんどすべて英語で書かれています。論文を英語で書いたら、日本の人だけでなく、世界中の人に自分のアイデアが届く。そういう場所で生きているからこそ、自分の伝えたいアイデアを輸出するために、私は英語力を磨かなければなりません。

だから、科学書から、新聞、小説まで、自分の読みたいと思ったものを、英語の原文で手当たり次第に読んできました。私は、英語を勉強するために、これが一番いいかどうかなど分からずに、少しでも自分に読めそうなもの、興味を引かれたものを手に取って、苦しみながら読み進めるしかありませんでした。

自分が好きな本の英語の原書や、本屋に行ってなんとなく気になった本を、とにかく1冊最後まで読み通してみる。人のおススメを絶対視するのではなく、他人から見たらたとえ「よくない本」であっても、「これを読んでみようかな?」と、自分が思えたものを読むことで着実に勉強は進みます。

悪い質問③相手に同意を求める

私が講演会で「子どもの教育に本当に大事なのは、その子の熱中していることを大切にすることだ。偏差値では人間の能力は測《はか》れない」という話をした後のことです。わが子の受験で一生懸命になっているお母さんたちから、次のような質問をされることがよくあります。

「でも先生、今から受験して偏差値の高い学校に入っておくことは、子どもの後々の人生のために重要ですよね？　だから、テストの点数を上げるにはどうしたらいいのですか？」

これでは、私が1時間話してきた内容が完全に無視されてしまいます。

もともとの考えを崩《くず》さないで、自分が正しいと思うことの中でしか話をしようとしない人がいます。それは、他人の意見を必要としているというよりは、自分の偏見、自分の価値観を承認してほしいだけの質問ではないでしょうか。

私は、自分と違う意見の話を聞いたときに黙り込んでしまう人を見ると、素直に「いい人だな」と思います。呆然《ぼうぜん》としている、あるいは黙り込んでいるのは、話を聞いて心の中でなにかが動いている証拠です。

そんなにすぐに人の話は分かるものではないのですから、黙り込んだっていいのです。違う意見を聞いて、すぐに捨ててしまうようなら、話を聞きにいく必要はありません。

自分が正しいと思うことだけを突き詰めていかないと、大事なところへたどり着けないような気がするかもしれませんが、むしろ逆なことがあります。

自分を忘れて相手の話を聞くことで、知らなかった世界が自分のものになるものです。

悪い質問④相手を問い詰める

質問は、人間あってのものなので、相手を無視してはいけません。それはこんな例でも言えます。

夫がリストラされて、家に帰ってきたとします。そのとき家で待っていた妻が、開口一番、こんな質問をします。

「こんなことになっちゃって、この先どうなるの？」

「お金はどうするの？」

リストラされた人が、そのことについて悩んでいないはずがありません。さらには会社から自分の能力について厳しい判断をされて、自信も失っているはずです。

こんなときは、「大変だったわね。大丈夫?」と質問できたなら、その後の夫婦の展開がまったく変わるのではないでしょうか。

奥さんも、夫のリストラによって今後の生活の見通しがきかなくなって、不安になっているのでしょう。奥さんもまた「つらい」に違いありません。

それでも「今一番つらい状況にある人は誰か?」「帰ってきた瞬間に言うべきことなのかどうか?」を考えなければなりません。

「これからどうするの?」は相手を追い詰めるだけで、「次の仕事をしよう」という意欲にはつながりません。

それに対して、「大変だったわね」と言えば、「仕事はダメになったけど、家族は変わっていない。自分には安心できる場所がある」と相手に安全基地を与えて、また仕事に出ていく力を引き出せるかもしれません。

自分の子どもが受験に落ちて帰ってきたときも同様です。

第一声で言うべきことは、「これからどうするつもりなの？　浪人するの？」ではありません。「よく頑張ったわね。大丈夫？　とりあえずゆっくり休んでね」という相手を思いやる言葉であるべきです。

相手を思いやる質問よりも自分の都合を優先させる質問をして、安全基地を奪っている人は意外と多いものです。

安全基地というのは、イギリス人のジョン・ボウルビィという精神科医が提案した概念です。

子どもの観察をしていると、母親のような、自分を守ってくれる存在が側《そば》にいるときは安心して新しいおもちゃで遊んだり、知らない人とかかわってみたり、自分なりに世界を探索しています。しかし、母親がいなくなると、途端に世界を探索するどころではなくなって、泣き叫んでしまうことがよく見られます。

そういう知見から、**人間が（つまりは大人でも）、自由に世界を探索するためには、「これがあれば自分は大丈夫」という安全基地が必要だ**ということが示されています。

ボウルビィはまた、人間は、自分に安全基地を与えてくれる存在、すなわち、世界を自由に探索させてくれる存在に、愛着を感じることを示しています。

愛されたいと思うならば、相手を自由にさせてあげなければならないのです。**すなわち、人を自由にする質問が、いい質問と言えます。**

悪い質問⑤どちらかを選ぶ

どっちが好きか。あるいは、どっちがいいと思うか。

こういう二者択一《たくいつ》は、相手の好みを知るために聞くならいいのですが、強制的に答えを要求してしまうのは好ましくありません。

あなたも「どっちなの?」と追及されて、答えに窮《きゅう》したことがあるはずです。

この典型例は、男女間のケンカです。仕事が忙しくて、デートをしてくれない男性に、女性はよくこう言います。

「仕事と私、どっちが大事なの?」

こう聞かれた男性のほとんどは、こう答えます。

「どっちも大切だよ！」

こう返答された女性は、もちろん、納得はしません。それでも、心のどこかでは、それが男性の本音だと感じているのではないでしょうか。

自分自身が「大切にされている」と実感できないから、ついつい「どっちが大事なの？」と追及してしまいますが、この女性が男性に問うべきなのは、こういう質問です。

「仕事と私のどちらも大切にするには、なにを変えればいいと思う？」

そう問われた男性は、自分自身が仕事優先にして、目の前の彼女をおろそかにしていることをハッキリ自覚するはずです。自分自身のワークスタイルを根本的に変えることを考えるでしょう。もしそれをしなかったら、彼女が自分のもとを去っていくだけです。


こういう不自由なことは、日常生活の至るところで行われています。たとえば、日本を代表する映画監督、黒澤明と小津安二郎《おづやすじろう》はどちらがすごいかという論争。

私は、どちらかと言えば小津安二郎が好きなのですが、だからといって、黒澤明が好きな人と、どっちがよいのかと議論しても、仕方がないでしょう。

自分の中では感覚的に小津が一番だということがハッキリしているのですが、ほかの人の中では感覚的に黒澤が一番だということがハッキリしています。

こういう論争は経験上、なにかを学ぶことはできますが、決着はつきません。

「こんなふうに見ると黒澤のよさが分かるのだなあ」

「でも小津もやはりこういうところがすごい」

素直に相手の意見を聞けば学ぶことができますから、決着をつけるのは保留にしておいたほうがいい。

自分は小津のほうが優れていると思ったとしても、それは信念の問題であって、論理的に「こちらのほうが本当にすごい」と結論が出ることはあり得ません。

ビートルズとU2だったら？　私はビートルズ。

モーツァルトとベートーベンだったら？　私はモーツァルト。

「きのこの山」と「たけのこの里」だったら？　私は「たけのこの里」。

私は、「きのこの山」が好きな人と何度言い合いをしてきたか分かりません（笑）。「きのこの山」が好きな人たちは「絶対的に『たけのこの里』のほうが優れていると証明されました！」などということがあったら、途方に暮れてしまいます。

自分の好み（あるいは他者の好み）を認識しておくことは、それがあなたという（その人という）人間を知ることなので、非常に重要です。

しかし、同意を求めて、どちらが正しいか決着させようとするよりも、両方の意見をよく聞いて、第三の選択肢を導く質問ができるまで保留にするほうが、お互いにとってプラスになるものです。

いい質問①空気を変える

私がテレビ番組のキャスターを初めて務めたのは、ＮＨＫの「プロフェッショナル仕事の流儀《りゅうぎ》」でした。それまでテレビに出たことはありましたが、レギュラーでのメインの進行役をしたことはなく、私にとってそれは未知の挑戦でした。

第1回目の放映は、2006年1月10日で、収録は前年に済ませていました。この番組は各界のプロフェッショナルの日々の行動をテレビカメラが追跡してVTRにまとめたものと、ご本人によるスタジオでのインタビューという二つの柱で構成されていました（現在はスタジオでのインタビューはありません）。

この番組での私はVTRを見ながら、本人にさまざまな質問をして、本音《ほんね》を引き出したり、隠れた素顔を引き出したりする——。それが、キャスターとしての私の役割でした。

ゲストは、星野リゾート社長の星野《ほしの》佳路《よしはる》さんです。スタジオでのインタビューが始まり、私の最初の質問は、これでした。

「VTRでずっとTシャツ姿だったんですが、なにか理由はあるのですか？」

この番組でのインタビューでゲストになにを聞くかは、スタッフが考えた流れを踏まえて、最終的には私が考えていました。今思うと、なぜこれが最初の質問として私の口から出たのか、自分でも理由はまったく分かりません。

星野さんは、「リゾート再生請負人《うけおいにん》」として、これまで経営がうまくいかなくなった施設の再建を多く手がけています。実際に黒字化したところがたくさんありますし、そのアイデアが斬新《ざんしん》で、注目を集め続けている人です。

そういう人に「なぜTシャツ姿なのか？」と聞くのは、ピント外れのように思うかもしれません。下手をすれば、「この人はなにを聞きたいのか？」と、相手に不審に思われる可能性もあります。

だからと言って、いきなり「経営するうえで一番大切なことはなんですか？」と聞くのもストレートすぎます。人と人が出会った最初に、自分にとって一番大切なことを話すとは思えません。

「なぜTシャツ姿なのか？」という質問は変化球ですが、経営者が、いわば「経営者らしい」清潔感たっぷりのスーツ姿ではなく、ラフな格好をしているところに、星野さんの大事にしていることが間接的に見えるような気がしました。

このときの答えは、「暑がり」だからでした。軽井沢出身で寒いのに慣れている星野さんは、社員が大勢いるところにいると暑くて仕方がないそうです。

社員がいる現場に足を運ぶことが多いから、必然的にTシャツ姿になる――。こんなところに、星野さんの経営者としての成功の秘訣《ひけつ》が表れています。

結果オーライかもしれませんが、こういう質問をすると、場も和《なご》みます。

私はもちろん、星野さんにしても、NHKでこれから始まる大型の番組の記念すべき第1回のゲストとして登場し、「どんなことを聞かれるのだろうか?」と、若干《じゃっかん》緊張していたかもしれません。

いい質問をすれば、場の空気や流れ、環境を一瞬にして変えることができます。直接的で本質的なことだけがいい質問なわけではありません。

いい質問は、人間と人間のかかわりの中にあります。

いい質問②相手の経験を聞く

相手の一番深いところを引き出すには、自分の主張をするのではなくて、相手の言葉に自分を共鳴させるようにして聞くことが必要です。

共鳴というのは、同調することではなくて、なにかを口に入れたら、その味が自分の口の中でどんなふうに広がるか、しっかり味わおうとするように、相手の言葉が自分の耳に入ったら、自分の体をしっかり反応させる、という意味です。

「この人は、自分の言葉をよく聞いてくれている」ということが伝われば、人はうれしくて、自然とたくさん話をしてくれるものです。

自分の主張を押しつけても、その人の意見を引き出すことはできません。それで反対意見が出てきたり、また同意が得られたりすることで、その人の一部を垣間見《かいまみ》ることはできるでしょうが、その人の本質は、そもそも自分の主張の周辺にあるわけではないのかもしれない。

他人と自分はまったく別の存在です。自分がその人の楽器になってこそ、その人の一番奥を引き出すことができます。

相手の話をよく聞ける人は、自分を広げることができる人です。相手のいいところを引き出せたなら、それは自分の持っていないものをもらえた、自分にとってヒントになることを一つ知ったことになります。

だから、その人の経験を聞く質問はいい質問です。

「あなたは、こんなときどうしましたか？」

「あなたの場合はどうでしたか？」

「あなたはどんな感じがしましたか？」

いい質問③好きなものを聞く

映画を好きという人がいたとします。**この人に「どの映画を見ればいい？」と聞くのではなく、「どの映画が好き？」と聞くのが、いい質問です。**

そういう質問だったら相手も、なにが好きなのか、どういうところがよかったのか、たくさん話をしてくれます。自分の好きなことを聞いてくれるわけですから、しゃべりやすいのです。

グルメな人がいたとしたら、「どのレストランに行けばいいですか？」ではなく、こう聞きます。

「お好きなレストランはどこですか？」

そう質問すればその人の趣味が分かるし、そのレストランのどういうところがいいと思っているのか、どう見たらそのレストランがいいと思えるのか、一人の人の味わい方を知ることができます。

「一番いいワインはどれですか？」

こういう質問だと、相手が言ってくれたワインを飲まなければならなくなってしまいます。

「どのワインがお好きですか？」

この聞き方だったら、「参考にはするけれど、選ばなくてもいい」という自由があります。

話を聞いて、自分に余裕があるときだったら、あるいは、彼氏・彼女と一緒にいて特別な時間にしたいときが来たら、飲めばいいのです。

私は、小学校で講演するときは必ず「君たちはどんなものが好きなの?」と聞いて今、彼らの間で流行《はや》っているものを教えてもらいます。

大人はまったく知らないけれど、小学生の間で爆発的に流行っているものが必ずあります。たとえば、「艦隊これくしょん」というゲームを数年前に教えてもらいました。第二次世界大戦時の大日本帝国海軍の軍艦が女性に擬人化《ぎじんか》されていて、それを集めて戦わせるゲームだそうです(笑)。

それを聞いて、私自身が「艦隊これくしょん」にはまったり、人生の大事なものになったりしたわけではありませんが、「この子たちはそういうのが好きなのか、面白いな」と、その存在を知ることができました。

相手と趣味が違ったとき、自分も同じにする必要はなくて、「この人は、そういう趣味なんだ」と自分の記憶に蓄《たくわ》えておくだけでいいのです。いつか好きになる日が来るかもしれないし、好きにならなくても、そういう人たちがいることを知ることが自分の教養となっていきます。

好きなものを聞いていくことによって、自分とは違う、多様な人たちがいること、自分が知らないたくさんの世界があることを肌で感じられるようになります。

いい質問④本心に気づかせる

自分の感情をメタ認知するのには、とても長い時間がかかります。

私の人生の中で、そんなに簡単に答えが出てこなかった質問は次のようなものです。

「なぜアメリカの大学へ行かなかったのだろう？」

18歳のとき、奨学金《しょうがくきん》に合格していたのに、私は土壇場《どたんば》で行くのをやめてしまいました。大学生になってからも、同じように留学する機会を得ましたが、そのときもやめました。

どうして行こうとしてはやめるのか。

自分にとって未解決の問題で、人生の中で何度も自分に質問し、そのたびに違う答えを出してきました。

50歳を過ぎた今、やっとしっくりくる答えが得られました。それは、「アイデンティティーを失うのが怖かったのではないか」という仮説です。

高校1年生のとき、私はホームステイをしたのですが、その経験で欧米に対する猛烈な憧れと、恐怖を抱きました。

「英語をしゃべれるようになろう」「欧米の文化に適応しよう」と一生懸命になるばかりに日本人を避けて、「自分は君たちとは違う」と装《よそお》うような人間になりそうで、怖かったのです。

海外の文化に強烈に憧れたり、尊敬したりするだけで留学してしまったら、自分の国のことを卑下《ひげ》して、自分が誰だか分からなくなりそうでした。

この問題を解決してくれたのは、世界中で尊敬される小津安二郎です。私は小津の、極めて普通の日本の日常を描いた映画『東京物語』を大学生のときに初めて観ました。それ以来何度も観ていくうちに、自分の中にこういう確信が生まれました。

「自分の憧れた最良のヨーロッパ文化に匹敵《ひってき》するものが、日本の日常にある！」

小津の映画を次々観ていくうちに、「日本の文化は素晴らしい。アメリカに行って、彼らに混じって、日本人である私が英語をしゃべっていたとしても、全然引けを取らないのだ」と、自分を納得させることができたように思います。「アメリカ人になる努力などしなくてよい。そのままの自分でしゃべればよい」とアイデンティティーを確立することができました。

これは要するに、「自分の文化の最良のものが、小津の映画を見るまで自分の中になかったのだ」という気づきを得たことにほかなりません。

私は、小さいころから寄席《よせ》に通って落語を聞いていたし、能や歌舞伎《かぶき》も観ていたし、日本の映画もたくさん観ていました。それこそ黒澤明の映画も観ていました。それなのに、最良のヨーロッパ文化に目がくらんでいる青春時代の私にとっては、そのいずれもがなんだかしっくりきませんでした。

小津映画を観たときに初めて、「これだ！」と思ったのです。

私がそれまでに観てきた日本の作品が最良ではなかったという意味ではなく、自分にそういう気づきを与えてくれるものが、小津だったということです。

特に若者は「ここではない病」にかかるものです。

私も「日本ではないな」と思いながらも、だからといって別人になれるわけでもなく、苦しんでいたのですが、小津のおかげで「日本もいいな」と思えるようになりました。

「ここ（これ）ではないのかな？」

これは、実はとてもいい質問です。

違和感を無視せず、「これは違う」「これも違う」と自分にピッタリくる「これだ！」に出合うまであきらめずに探していくことで、初めて自分の核心をつかむことができるようになります。

いい質問⑤自分の生き方を問う

「自分が一番心地よくなれるのは、どんな生き方だろう？」

この質問はとてもいい質問です。

私は『プロフェッショナル仕事の流儀』のキャスターを、2006年から2010年までの4年間務めていました。

この番組にかかわっている人たちの熱意、仕事のやり方というものは激しくて、この4年間、私は「これ以外のことがほとんどなにもできない」くらい、自分の時間を使っていました。

テレビの仕事に不慣れだったこともありますが、いい番組をつくるために、自分に求められることに必死に応《こた》えようとしていたように思います。私の人生の中で、最も他人に合わせて生きていた時期でした。

他人が求めるもの、いわば「マーケット」と、自分にとって本質的なものをやることのバランスを取ることは大事ですが、この時期はそれができていませんでした。

私がここで「マーケット」と呼んでいるのは、「他人が望んでいるものをつくる」という意味だけではなくて、「こういう仕事をやると、安定した生活を得られる」「こういう仕事のやり方があって、こうするとホメられる」「みんなが帰るまで帰らないようにすると、礼儀正しいやつだとかわいがられるし、のけ者にされないで済む」という、いわゆる「常識」というものに応えようとする気持ち全般のことです。

あまりにもマーケットに付き合いすぎてしまうと、自分が何者だか分からなくなることがあります。

この4年間は、自分にとって本当に大切な時期でしたが、今、振り返ると、呼吸ができていないも同然でした。一生懸命になっているときは、自分が窒息《ちっそく》しそうになっていることに気づかないものです。


私はオリンピックに出場した選手に何人か会ったことがあります。彼らは、一様《いちよう》に「それ以外のことをなにも考える時間がなかった」と言います。

「それ以外のことはなにも知らない」というくらいに自分を追い込まないと、やはりオリンピックには出られないのでしょう。

現実には、それだけやってもオリンピックに出られない選手のほうが多いのかもしれません。そうやって厳しく「それだけをやる」時間を送ってきた人は、引退すると呆然としてしまうのだそうです。

渦中《かちゅう》にいるときは、「バランスをどう取ろうか？」という質問などできないのかもしれません。

みなさんにも経験があるのではないでしょうか。

たとえば受験勉強中。

「やらなきゃ受からない！」と自分を追い込むあまり、ほかのことを考えたり、遊びにいったりする決断ができない。

ビジネスパーソンでも、やはり多くの人が、定年になるとオリンピック選手と同じように呆然としてしまうのではないでしょうか。

他人に求められたり、一つのことに打ち込んだりする時期は大事です。

とはいえ、人生の時間は、その期間が終わっても続きます。その意味で、自分の心地よさはなにかと質問していくことも、生きていくうえではとても大切なことです。

アップルを率いたスティーブ・ジョブズに、有名なスピーチがあります。

現在ユーチューブ上で見られるようになっている、アメリカのスタンフォード大学で行った卒業生に向けたスピーチです。

「今日が人生の最後の日だとしたら、私は今日やろうとしていることをやるだろうか？」

この質問をして、「もしも『ノー』と言う日があまりにも長く続いたら、それは問題だ」と彼は言っています。

みなさんも、今、自分に問うてみてください。「ノー」は続いていないでしょうか。もし続いていたら、自分にこう質問してみます。

「たった一瞬でいいから、なんとか忙しい生活の中で自分が息をつける瞬間を持つにはどうしたらいいだろうか？」

いい質問をするためのキーワード

いい質問をしていくための言葉の選び方について、お話しします。言葉一つ変わるだけで、いい質問になることもあれば、反対に悪い質問になってしまうこともあります。

この言葉が入ると、質問力がアップする。そんな魔法のような言葉があるので、ご紹介します。すぐに力を発揮してくれるはずです。

ポイントは、次の三つ。それは、「時間」「目的」「手段（方法）」です。

①時間

時間に関するキーワードは、**「今」**です。

「今、何が起こっているのか？」

「今、自分にできる最大限のことはなにか？」

「この問題について、今すぐやらなければいけないのはどんなことだろうか？」

「今」を気にすることによって、観察力が上がり、具体的な対策が見えやすくなります。

②目的

目的に関するキーワードは、**「なにがしたい？」**です。

日常では、自分の目的以外のことでもしなければならないことがたくさんあります。

目的以外のことをやるなというのではありません。目的以外のことにまみれても、「これだけはやりたい」と思うことを着実に毎日数分ずつでもやっていくと、自分の核心を守れるので、まみれていても平気になります。自分で自分を守れていれば、ほかの人にもやさしくなれます。

「自分が一番したいことはなんだろう？」

目的を問いながら、ものごとを進めていくと、関係する人の心も一つになります。

目的を問う質問は、コンパスのようなものです。

③手段（方法）

問題が起きたときに、どうしていいか分からず、うろたえてしまうことがあります。なにもしないでいると、事態はさらに深刻になりかねません。

キーワードは、**「どのようにすれば」「どうやって」**です。

あまりの事態に固まってしまわないで、こう問いかけていきます。

「どのようにすれば、事態を収拾できるだろうか？」

「どうやって一人一人説得していけばいいだろうか？」

「どのようにすれば、精度を高めることができるか？」

手段・方法は無数にあります。その中でとりあえず自分にやれる手段・方法が見つかったら、すぐに試してみます。うまくいったら続けて、うまくいかなかったらまた質問を考える。こうしたことを繰り返して問題を解決していきます。

④オールマイティーなキーワード

前述した三つ以外にも、質問力を高める大事なキーワードがあります。それは**「少しだけ」**という言葉です。不思議なことにこれが現状を大きく変えていくのです。

「あと少しだけ、あの人との関係をよくするにはどうしたらいいだろう？」

「あと少しだけ成長するためには、なにをすればいいのだろう？」

世の中に正解はありません。自分にできる「少しだけ」の行動をするのでかまわないのです。

子どもの「なぜ？」にどう答えるべきか

この章の最後に、自分が質問するのではなく、質問される立場になったときの話もしておきましょう。

次の二つの文章を読み比べてみてください。

A「お父さん、空はなぜ青いの？」

B「お母さん、どうして勉強しなければいけないの？」

もしかしたら、あなたも子どものころに、この二つと似たようなことを誰かに聞いたかもしれません。あるいは親になったあなたが、自分の子どもにそのように言われたこともあるでしょう。

子どもは、AにもBにも答えがあると思っているかもしれません。

Aは、一応原理のようなものがあって、物理的な説明が可能です。

一方、Bは、答えがない問いです。

答えはあるようでいて、ない。無数にあって、一つということはありません。個人個人によって答えは異なるし、その人の年齢や環境によってもふさわしい答えが変わってきたりします。

子どもは、自分が知らないことを親や大人に聞いてきます。それは、子どもの知的好奇心です。

答えがある問題でも、ない問題でも、とにかく世界を知ろうとしています。

その質問は、親や大人からすれば、簡単に答えられるものではありません。

「空はなぜ青いの？」と聞かれても、親がすぐに答えられるかどうかは微妙なところです。自分が知らなかったり、忙しくて答えるのが面倒くさかったりすると、「そんなことはどうでもいいでしょ」と、突き放してしまうことがあります。

こういう質問をされたとき、どうしたらいいのでしょうか。

あなたが、答えを知っている必要はありません。答えを教えてあげることよりも、子どもの知的好奇心を邪魔しないで、深掘りしていく方法を教えてあげることが大事です。

今ならインターネットで検索すれば、Aの「空が青い」理由は知ることができます。インターネットで調べる方法さえ教えてあげれば、子どもは答えを知りたくて、自分で探すようになるはずです。

Bのそもそも答えがない質問も同様です。あなた一人が正解を与えてあげなくてもいいのです。勉強する理由は、人それぞれです。

ある人は、「いい大学、いい会社に入るため」と答えるかもしれませんが、それは万人にとっての正解ではありません。

「義務教育だから」も、正解ではありません。そもそも学校に行くことと勉強はイコールではありません。今の時代、学校に行かなくても、一人でいくらでも勉強することは可能です。インドの数学者シュリニヴァーサ・ラマヌジャンのように、完全な独学で人々を驚かせる定理を発見することだってできます。

親に言えるのは、絶対の正解ではなくて、「お母さんはこう思うけれど、あなたはどう思う?」という一人の考え方にすぎません。

絶対の答えなどないのですから、一人の意見だからといって無視はできないし、ほかの人の意見も聞いてみることも勧めて、最終的には子どもが「自分で考えるものだ」と理解することが大事です。

子どもに自分で考える力をつけさせる

私の母親は、「勉強しろ」などと一度も言いませんでしたが、私が蝶についていろいろなことを知りたがると、ある大学の蝶研究の第一人者に引き合わせてくれました。

親は子どもが興味を持っている分野について知っている必要はありません。確かに子どもの興味を引き出せる人物に紹介できれば、それが一番いいはずです。

このおかげで、私は、「ただ好きで追いかけているものがどんな研究に発展するか目の当たりにできたし、追求することの楽しさや、「好きなものに終わりがない」ことを知ることができました。私はこのことを母に感謝しています。

子どもが興味を持っていることに親が答えようとすると、かえって世界の広さを知る邪魔になりかねません。「あっちのほうにあなたの求めているものはあるのではないかな？」と指し示してあげれば十分です。

3章のポイント

- いい質問をするには、教養を磨いていく。

- 「自分の知らないことがまだたくさんある」と気づくことが、いい質問をするうえでは欠かせない。

- 科学的データや常識を真に受けて、そのとおりに行動することが正しいと思っている人は、他人に基準を求める人。

- 誰かが「いい」と言ったことをそのまま取り入れるようでは、イノベーションを興せない。

- 生きていくうえではマーケットと自分のやりたいことのどちらか一方を追求するのでなく、両者のバランスを取ることが大事。

- いい質問をするためには、「今」「何がしたい？」「どのように（どうやって）」と常に問う。

- 子どもの「なぜ？」に答えることよりも、自分で考えさせることのほうが大切。

4章

質問は脳の可能性を広げる

質問するとき脳はどう機能しているのか

いい質問は、自分や他人に自由を与え、新しい道を切り拓きます。このとき脳にはどんな変化が起きているのでしょうか。またどんな脳の働き方から、いい質問がつくられるのでしょうか。この章では、それを説明していきます。

他人に質問するときは、まず、その人の気持ちになって考えることが必要です。脳の中で人の気持ちを考える回路には、2種類があります。たとえば今、泣いている子どもがいたとします。この子に応対するのには、二つの方法が可能です。

①共感から質問する
②論理で質問する

①の共感の質問は、「まあ、かわいそうに。どうしたの?」とその子の気持ちにピッタリ寄り添う方法です。

②の論理の質問は、泣いているのは、「おもちゃが壊れてしまった」のかもしれないし、「友達に置いていかれてしまった」のかもしれないと可能性を検討し、「この子はなにを欲しているのか」を知って具体的な解決法を提案する方法です。

①の気持ちに同調する力と、②の論理力は、どちらも必要ですが、働かせる脳部位が違います。

みなさんは、他者が痛い思いをしているのを見ているだけで、実際に自分が痛い思いをしているように感じた経験はありませんか。

他人の感情というのは、それがあたかも自分の感情であるかのように、自分の脳の中に写し取られることがあります。

これが①の共感の脳回路の働きです。自分が実際に痛みを与えられているとき、島《とう》皮質《ひしつ》や前帯状皮質《ぜんたいじょうひしつ》と呼ばれる脳部位が活動します。それと同じ脳部位が、他人が痛みを与えられているのを見ているだけで、自分には「痛いことはされていない」のにもかかわらず、活動する。つまり、相手の痛みが、そのまま自分の痛みとして感じられるのです。

「痛み」だけでなく、人間の脳の中には、他人の「行動」をただ見ているときに、その行動をあたかも自分がやっているかのように置き換えて、反応する部位もあります。自分は実際には行動していないにもかかわらず、他人がある行動をしているのを見ているだけで、自分がその行動をするときに働く部位が活動します。たとえば、頭頂葉《とうちようよう》の身体イメージに関わる領域が活動します。

他人の行動を直接、自分に置き換える仕組みがあるから、そういう行動をとっているときには、どういう気持ちなのかを想像できるようになると言われています。

「自分だったら、この行動をするときには、このように感じているときか、こう思っているときだな」「あの人は今こう感じているんじゃないかな?」と他者の行動を自分に置き換えたうえで、他者の心を推論するのです。

つまり、共感回路のようにダイレクトに伝わる感情もあれば、自分に写し換えて推論するしかない感情もある。後者の、相手の行動の背後にある心の「推論」には、先ほど言った頭頂葉に加えて、内側前頭前皮質《ないそくぜんとうぜんひしつ》や、上側頭溝《じょうそくとうこう》などが必要になります。こちらの回路が②の他者の気持ちを論理的に分析する回路です。

①と②は似たようなことをやっているようにも見えますが、決定的な違いが存在します。②は「自分と他者とは違う心の状態を持っていることを知っている」うえで他者の心の状態を推論する力なのです。どういう意味か説明しましょう。

》「自分と他者は違う」と知ると、感情が豊かになる

「誤信念《ごしんねん》課題」と呼ばれるものがあります。

たとえば、今あなたが人形劇を見ているとします。舞台上にはサリーとアンという人形と、箱が二つ出ています。今、サリーがアンの目の前で自分の大切なおもちゃを左の箱に入れて、舞台から出て行きました。

アンは、サリーが出て行った後、なにを思ったか、そのおもちゃを左の箱から右の箱にこっそり移し換えてしまいます。

さて、サリーが戻ってきました。サリーは、おもちゃで遊ぼうとして、どちらの箱

を開けるでしょうか？

あなたが②の論理力を使って、サリーの気持ちを推し量《お》《はか》れる人ならば、答えは「左側の箱」になります。あなたは今、実際におもちゃが右側の箱にあることを知っていますが、サリーはアンが移し換えたことを知らないはず。あなたは「サリーならば」と自分とサリーを切り離すことができるので、「左側の箱を開ける」と答えられるのです。

ところが、他者の気持ちを理解することが比較的苦手だと言われる自閉症の子どもたちは、「右側の箱」と答えることがよくあります。

なぜならば彼らは、自分とサリーを区別せず、おもちゃは今右側の箱にあるのだから、サリーがおもちゃで遊ぶなら「右側だ」と答えてしまうと考えられています。

他者の心を「推論」するのには、まず、自分と他者が違うことを理解していなくてはなりません。

意外なことに、自分と他者を切り離せる人のほうが、最終的に他者の気持ちを推し量る力が高くなるのです。

脳は他人の心を読み取れる

周りの人とうまくやれなかったり、周りに困った人がいたりしたら、この質問をしてみるのがとても有効です。

「この人はどうしてこのようにふるまっているのだろうか？」

先ほど他人の心を読み取るには、共感を使った方法と、論理を使った方法の二つのルートがあると言いました。

多くの人が、困った人に対して間違ってしまうのは、「なぜ私はこの人に共感できないのだろうか？」と思ってしまうことにあります。

「まったく共感できない。嫌いだ！」と拒絶してしまう。共感できないと、「相手のことが理解できない」と思ってしまうのは、非常に危険なことです。理解できる他者が、ほんの少ししかいなくなってしまうからです。

世界には、違う国の人、違う宗教の人、違う考え方の人がいて、そちらのほうが圧倒的に多いのです。自分と似た人だけを理解できないとしたら、ほんのひと握《にぎ》りの人のことしか知ることができません。

共感できない相手に対しては、いったん自分と切り離して、「この人はなぜこういう言動をとっているのだろう」と冷静に分析して理解する必要があります。

私も、退官された大学教授にお会いしたときなどに、「○○大学を定年で退官しましてね」とわざわざ強調されると、違和感を覚えることがあります。だからといって、縁を切ることもありません。

「この人は、○○大学という肩書きがすごく大事で、定年退官してそれを手放したのが、残念で仕方がないのだ。それを手放してしまったことで、ただの人になった気がして不安だから、みんなの前で確認しているのだ」

このように冷静に分析したら、自分にも理解できるところがあるし、腹も立たなくなりました。

「共感」だけでなく、「冷静な分析」を通して理解することで、自分の頭の中に住む他人のレパートリーを、飛躍的に増やすことができます。

「他人に優しい」というのは、結局、冷静な分析を積み重ねていくことでなれるものです。

自分の中の他者を増やすことによって、自分の人生の参考も増やすことができます。他人には、共感ではなく、質問をしてください。

このアプローチの最終目標は、「この人はこういう場面になると、こうふるまうだろう」という予測ができるようになることです。

これができると、本当にラクになります。

会社の中でも、この部長は、「こういう条件が揃《そろ》うと、怒る」「こういうときは企画が拒絶される」と読めていると、どういう根回しをすれば、その人が「ＹＥＳ」と言う確率を上げられるかが分かってきます。

「なぜ、この上司の下で、働いていなければならないのだろう。もうイヤだ。会社を辞めたい」

このように共感を使うだけではつらくなるだけです。

「この人がこういう状態でいるときに、こういう言い方で持ちかければ、うまくいくのではないか？」

と、まるで日食を予測するかのように、人の行動を冷静に予測する質問をすることによって、うまくやっていく方法が見つかります。

他者のことを100％予測することは不可能ですが、それでも、ずっと円滑《えんかつ》にコミュニケーションできるようになります。

脳は細かいところまでよく見ている

他人にいい質問をするのには、相手のことをよく見ていなければなりません。自分と会話をしていて、表情や声色《こわいろ》、姿勢、動きの速度などがどう変わるか、すべてを統合して、「あ、今、なにかためらいが生じたな」「今は楽しんでくれているな」と相手のことを理解するから、次にどんな質問をすべきか判断できます。

側頭葉のウェルニッケ野《や》を中心とする、感覚統合を行っている場所は、視覚情報、聴覚情報、身体感覚情報などの感覚情報をすべて集めて、意味づける働きをしています。

一番大事なのは、そもそも相手の発するさまざまな情報に注意を向けようという意識です。これには前頭葉を中心とする注意の回路がかかわっています。

最近、**「マインドフルネス」**と呼ばれるトレーニングが、世界中で注目を集めています。仏教の「禅《ぜん》」の修行がもとになってつくられたトレーニング法なのですが、仕事の切り替え能力、効率、創造性、幸福度が格段に上がると言われ、グーグルやフェイスブックなどさまざまな企業で取り入れられています。

これは、質問力を上げるためにも最適ですので紹介しておきましょう。

マインドフルネスとは、現在、環境の中で起こっていること、また、自分の中で起こっていることをありのままに見られる心の状態のことをいいます。

ふだんわれわれは、なにかに気づくと、すぐに「いい」「悪い」を言いたがります。

「あの人がこんなことをしている、イヤだな」

「私は今こう思ってしまっている、恥ずかしい」

マインドフルネスでは、ただ起こっていることに「気づく」だけに留《とど》めて、一切「いい」「悪い」の判断をはさまないようにします。

「あの人が今こう言っている」

「私は今こう思っている」

「虫が飛んでいった」

「足がかゆい」

今、周囲で起こっていること、自分の中で起こっていることのありとあらゆることに気づいては、流していくように訓練するので、これをやることで、前頭葉を中心とする注意の回路が鍛えられます。簡単に言えば、いろいろなことに気づけるようになります。

それがどうして創造性や幸福度にも関係するのかと言えば、たとえば、人は大きなストレスにさらされると、「どうしてこうなってしまったのか？」とそればかり考えて、身動きがとれなくなりがちです。そればかりに執着してしまうから、不幸になってしまうのです。

マインドフルネスでは、「あの人はこう言った」けれど「自分はこう感じている」「ほかの人はこうしている」「あれ、鳥が鳴いている」と、「いい」「悪い」でなく「気づく」ことに重点を置いています。世界には複数の文脈があることに自然に気づき、一つのことにこだわらなくなって、受け流す力がついていきます。

簡単に判断を差しはさまないことによって、いろいろな状態があることが分かるようになります。それで人の気持ちを推論するときに役に立つ情報を記憶に蓄えることもできるし、発見もしやすくなります。**すぐに判断をしないことによって、脳の中の体験値が上がります。**

これはもちろん他人についてだけでなく、自分自身の状態を自覚する「メタ認知」能力を上げるためにも役に立ちます。

記憶を蓄えて予測する

質問は、会話中にせよ、会議中にせよ、時間の中で展開されるものなので、どういう展開になるかを予測しなくては、うまくできないものです。

たとえば、パーティーの仕切りをするのなら、現在の状況をよく見て、「そろそろデザートが欲しいころではないかな？」と人の気持ちの動きや、これからの展開を予測していくことで、みんなに「いいパーティーだった」と言ってもらうことができます。

いい質問とは、いい展開をつくる質問だとも言えるでしょう。

「今こうで、みんなこういう気持ちでいるから、こんなことをしてみたらいいかもしれない！」

計画力と、質問力は無関係ではありません。


いろいろな感情、状況に気がついたうえで、展開を先読みする力には、先ほども出てきた内側前頭前皮質を中心とした前頭葉の働きが重要です。これは、観察した事実に基づいて「推論する力」です。

また展開を読むのには、現在の状況だけでなく、過去の経験も参照することが有効です。

「前は、こんな状況で、こんなことをやったら、失敗した！」

「あのときは、あの人がこんなことをやった！」

似たような状況を思い出すことで、これからどういう展開になるかが予想しやすくなります。

内側前頭前皮質は、記憶の中枢海馬《かいば》と連携して働いています。いい質問をするためには、たくさんの経験を蓄えることがどうしても必要になります。

現在の状況をありのままに見て、過去を参照し、未来を予測する。脳の総力戦で、いい質問が生み出されます。

意識に無意識の邪魔をさせない

2章の感情と論理の仕組みのところで、「認知的不協和」について触れましたが、これは「自分で出した答えが本当の答えではないことがある」という話でした。

同じ仕事でも、お金をたくさんもらった人と、そうでない人とでは、仕事の楽しさの感じ方に違いが生じました。

お金をたくさんもらった人たちに比べて、あまりもらえなかった人たちは、「面白い仕事だったからこそ、自分はやったのだ」と合理化していました。

自分の居心地の悪さをありのままに見るのではなく、すぐにラクになろうとして、意識が都合のいい解釈を採用してしまっています。

自分の生活を本当に変えたいと思ったら、問題をありのままに認識することが必要です。**自分の「本当の問題」を知りたいと思ったら、意識に邪魔をさせないほうがいいのです。**

無意識はすでに答えを知っています。だからこそ、それを「なかったこと」にしようと合理化するのではなく、自覚するように努めます。

お金儲《もう》けに執着している人がいるとしましょう。その人が、「子どものころにお金がなくて、不安だったからこうなってしまったのですよ」と自分で告白したら、私は、その人のことを「素敵だなあ」と思います。

欠点であれ、汚点であれ、醜《みにく》さであれ、能力不足であれ、暗い過去であれ、素直に意識化ができている人の人生は、少なくとも精神的に安定しているように見えます。自分で自分を許せています。

普通は隠蔽《いんぺい》してしまう、一番向き合いにくいところを客観的に眺められている人は、意外にモテます。

お笑い芸人が、自分のルックスや、性格的な欠点を笑いにしているのをよく見かけます。彼らがモテるのは、自分の欠点がよく分かっていて、それが相手に安心感を与えるからです。

「悪いところを必死に隠そうとしているけれど他人にはバレバレ」

そういうことはよくあって、それだと「なんか触れてはいけなさそうだ」と人は遠ざかってしまいます。

逆に、自分の欠点が許せている人は、相手に緊張を強《し》いないし、「こちらの欠点も許してくれるのではないか」と安心して側にいられるものです。人生を安定させ、うまく進めていくためには、自分の問題と正直に向き合うほうがいいのです。

しっくりくるまで時間をかける

私が学芸大学付属高校に通っていたときのことです。ある日アメリカに留学していた、Sさんという女性が私たちのクラスに入ってきました。彼女は2日目に「あなたたちのやっている勉強には、まったく意味がない！」とみんなの前で演説して、その日に学校を辞めてしまいました。

私たちはただ、呆然とするほかありませんでした。あまりにも唐突《とうとつ》すぎて、彼女がなにを言いたかったのかまったく分からなかったのです。

このときは、自分のやっていることを否定されて悔しい思いもしたものです。その一方で、入った次の日に実際に学校を辞めてしまう行動というのは、「自分を否定された」などという感情を超える、感動のようなものがあったこともまた確かです。

「あれは一体どういうことだったのだろうか？」

「アメリカはどんな教育なのだろうか？」

「私たちが受けている教育が『ダメ』ってどういう意味なのだろうか？」

彼女のおかげで私は日本の教育について考え続けることができました。

もし「私たちを否定するなんて、Sさんはひどい。Sさんのほうが間違っている！」と妙な合理化をしていたら、私は日本の教育について「質問」して、「もっとよくしよう」などと考えることはなかったでしょう。

当時すぐには彼女の言うことが分からなかったけれど、外国に出ていた分、私たちの状況が見えていて、「人間は『偏差値』なんかで測れるよりももっと大きい」と教えてくれていたのではないかと、今では思っています。

たいていの大事なことは、すぐには分からないものです。本当に大事なことを教えてくれていても、今の自分と違う考えは、やはり受け入れるのが難しいものです。脳の中では、さまざまな体験が蓄積されないと、その意味がハッキリしてきません。記憶同士が結びついて、ようやく意味がつくり出されてきます。

すぐには分からないで、拒否感を覚えるものこそ、判断を停止してずっと覚えておくという努力をするとよいでしょう。いつか分かるときがくるかもしれないし、そういうものこそ自分を広げてくれるものなのかもしれません。

気になる言葉。拒否したくなる言葉。

それをずっと頭の中に持っていて、折に触れて思い出すこと。それが人生の転機、必要なときの答えになってくれることがあります。

脳は新しいことにすぐ慣れる

結局、脳がなぜ質問をするのかというと、「終わりがない」からです。

脳の中では、うれしいことがあるとドーパミンという物質が放出されます。この**ドーパミンは、新奇性があるものでなければ出ない仕組みになっています。**

たとえば、誕生日のプレゼントをもらうとき。「なにが欲しい？」と聞かれて、自分が答えたものが当日にプレゼントとしてもらえる。あるいは、まったくプレゼントの話題が出ることがなく、「忘れてしまっているのではないか」と不安なまま当日を迎えたら、自分が思ってもみなかった、しかし自分の趣味をよく考えてくれたことが分かる素敵なものを贈られる。どちらのほうがうれしいでしょうか？

多くの人は、後者だと思います。「どうなるか分からない」という不確実さや、新しさがあるときに、よりたくさんドーパミンが出るようになっています。

決まったことが決まったとおりに運ぶことには、安心感がありますが、自分にとって予測できないことがないと、脳は本当には喜びません。

脳は、新しい海に出ようとするものなのです。


面白いことに、脳は「新しさ」にすぐに慣れてしまいます。

たとえば、１９６９年のアポロ11号の月面着陸。「人類ついに月に立つ！」と世界中が熱狂しました。７歳だった私も、「すごいことが起こった！」と『こちらアポロ』という同年出版の集英社の学習漫画を買うくらいに、このニュースに入れ込んでいました。

ところが、アポロ12号、13号と飛んでいくうちに、周りの人たちが飽きていきました。大人たちが、「アポロなんかやっているよりも、もっと地上でやることがあるんだよな」などと言い始めたのです（笑）。

あれほどの新しいものが、アッという間に「日常」になって汚れていくのが子ども心にも、すごくショックでした。

どんなに新しいものもすぐに陳腐化《ちんぷか》してしまう。つまり、終わりがないのです。だから私たちは「次はなに？」と質問をして常に移動し続けていくわけです。

私の敬愛する夏目漱石は、似たような小説を一つも書いていません。書くもの一つ一つが大ヒットする作家でしたが、設定がすべて違っています。

『坊っちゃん』の人気が出たからといって、『坊っちゃん2』を決して書きませんでした。『吾輩は猫である』の次に『吾輩は犬である』なんて書きません。

常に新しい試みをしていたという意味で、漱石も移動を続けていたのでしょう。

「次はどんな挑戦をしようか？」というのが、本来、脳の求める質問だと言えます。

脳の強化学習を利用する

脳は新奇性がないと喜びません。では、脳が一番喜ぶのはどんなときでしょうか。**それは、自分には「絶対にできない」と思っていたことが、できるようになるときです。**

ある行動をして、快楽を司る物質ドーパミンが放出されると、脳は、その行動を「もっとやってみよう」とする性質があります。

①ビールを飲む
②それがおいしかった（つまりドーパミンが出る）
③するともっとビールが飲みたくなる

こういうケースもあります。

①ある人に会う
②すごく楽しかった（つまりドーパミンが出る）

③その人にもっと会いたくなる

うれしかったことをまたやってみようとする、この性質を**「強化学習」**と呼びます。

ドーパミンは意外性があるときに放出されることが分かっていますから、①と②の間のギャップが大きければ大きいほど、より放出されて、「またやりたい」「これがもっとうまくなりたい」という気持ちが高まります。

この性質をうまく利用していきます。

①苦手な英語、苦手な数学をやってみた。

②たまたまできてしまった（思ってもみなかったことなので、ドーパミンがたくさん出る）

③するともっともっとそれに挑戦したくなる

できると分かっていることをやるのではなく、**自分にとっては少し難しく、できるかどうかが分からないギリギリなこと、少し新しさがあることに挑戦してうまくいけば、強化学習が起こってドンドンそれがやりたくなります。**この仕組みは、誰もが持っています。

吃音《きつおん》のため人前で話すのが苦手だった少年が、たまたまクラスで発言したことが受けたことをキッカケにして猛特訓する気になって、いつの間にか噺家《はなしか》さんになっていたという例を聞いたことがあります。

もともとは苦手だったものが、今では「一番自分の得意なものになっている」ということが人生には本当によくあるものです。

成功の見込みがゼロだとドーパミンを出すのは難しいですから、自分で「できるかどうか分からないギリギリなところ」を見極めて、「これをやってみようかな?」と新しいことに挑戦してみる。

自分にできそうなことをハッキリ見極めて、ほんの少し努力をしてみれば、いつの間にかまったく新しい海に出られるようになります。

行動のレパートリーを蓄える

ただ、どんなに熱中できることがあるとしても、脳は一つのことだけをやっていると行き詰まってしまう性質があります。

仕事でも、勉強でも、行き詰まってきたら、次のものに移ってしまいましょう。

「今日はもうできない」と思ったら寝てしまうのもオーケーです。散歩に出てしまうのもアリです。とにかく行動のレパートリーを増やしましょう。

仕事で読まなくてはならない本があるとします。

本というのは、内容の難易度や、そのときの疲労度や気分などのさまざまな原因によって、どうしても読み進められなくなることがあります。

「これを読まなければならないのに、どうしたらいいんだろうか?」

その答えは、簡単です。

すべての行動が止まってしまうよりは、「別の本に移る」とか、「別の仕事をする」とか、「映画を見に行く」「絵を描く」などしたほうが、世界が広がるし、気分転換になります。同時並列的に、少しずつ進めて、行動を止めないようにしていきます。

「これだけはやらなければならない」

そう思って、疲労したり行き詰まったりしているのに、そこから移動しないで、「ああできないなあ。俺ってダメな人間だなあ」と、ウダウダしているのは本当にもったいないことです。それだったら、パッと体を休めたり別のことをする。

一つの行動が止まってしまったとしたら、それはたくさんあるうちの一つが止まったにすぎません。「デザートは別腹」と同じで、主食に飽きても、デザートだったら食べられるということが、仕事でもあります。

「次はなにをしようか？」

そう質問をして切り替えてみます。いろいろなところを巡ってきたら、また元の課題に取り組むことができるようになるものです。

行き詰まりというのは、一つのことをやりすぎて、頭にたまったいろいろなものを整理したいという「脳の欲求」なのです。

創造性を高める脳のバッチ処理

「昼間に一生懸命考えても解けなかった問題が、眠って目が覚めたら解けていた」

「行き詰まってシャワーを浴びたら、ひらめいた」

ウソみたいな話ですが、そういうことは本当にあります。

数学者アンリ・ポアンカレは、馬車に足をかけた瞬間に問題が解けたそうです。化学者アウグスト・ケクレは、夢で、蛇《へび》が自分のしっぽを噛んでぐるぐる回っているのを見て、ベンゼン環《かん》（六つの炭素原子からなる環状化合物）を思いついたようです。リラックスして無意識に任せていたら、ひらめきを得たという例が数々知られています。「眠って考える（Sleep on it）」ということわざは正しいのです。

脳の中には、**「デフォルト・モード・ネットワーク」**という回路があります。この回路は、**集中して仕事をしたり勉強したりしているときよりも、リラックスしているとき、なにもしていないときのほうがよく活動する回路**です。

みなさんは、「脳はなにかしていないと働かない。集中すれば集中するほどよく働くようになっている」と誤解していませんか？

もちろん集中しているときに活動する回路もあるのですが、反対に、なにもしていないときでないと働かない回路もあります。

集中と弛緩を交互にする

私たちがなにもしていないとき、脳はなにをしているのでしょうか。**集中していたときにやっていたことを、それ以前の記憶と結びつけて整理しています。**

従って、眠りもしないで勉強したり、働き続けたりすると、情報をやみくもにインプットするだけで、整理をして取り出しやすい形にする時間を奪ってしまうことになります。

散歩をしたり、お風呂に入ったり、眠ったりしているときに、記憶が整理されて問題解決の糸口が見えてきます。自分なりに徹底して考えていったら、あとはリラックスして、いわば脳に完全にお任せするのがいいのです。

コンピューター用語で言えば、バッチ処理。

昼間の長い時間に集中して、「これについての回答がほしい！」と脳に投げておくと、寝ている間に、無意識の中での処理が続いて整理がされて、欲しかった答えがポンと出てくることになります。

集中と弛緩《しかん》を繰り返すことによって、いいひらめきが得られるのですから、積極的に休んでいい。無意識を甘く見てはいけません。

意識だけで問題を解決しようとすると、どうなるでしょうか。その極端な例を挙げましょう。

授業中に、先生に質問されて立たされたら、頭が真っ白になってしまったという経験はありませんか？

答えを知っているのに言えなくなったり、別に答えられない問題ではないのに考えられなくなったりしてしまう。これは「答えを言わなくちゃ！」と意識しすぎたために、無意識の働きが邪魔をされてしまったのです。

いい質問をしていい答えを導き出すためには、無意識を尊重することが大切です。力の入れ具合は、本当に難しいものです。

4章のポイント

- 脳には、「共感から質問する」と「論理で質問する」という二つの回路がある。

- 共感できない人を拒絶してしまうと、世界が狭くなって、自分自身が苦しくなる。

- 冷静な分析を積み重ねていくと、他者とも円滑にコミュニケーションできるようになる。

- 「いい悪い」をすぐに判断しないで、「気づく」ことで脳の中の体験値が上がる。

- 新しいことを体験すると、脳の中でドーパミンが放出される。

- 脳が一番喜ぶのは、絶対にできないと思っていたことができるようになったとき。

- 一つのことをやり続けると、脳は行き詰まりがちなので、行動のレパートリーを増やしたほうがいい。

- 集中と弛緩を繰り返すことによって、いいひらめきが得られる。

5章

質問力を
さらに高める
8つのアクション

質問力は一日にしてならず

問題を解決するための「カギとなる質問」が自分でできるようになれば、仕事で結果を出せるようになるし、プライベートを充実させることができます。

前章では、いかに問題を見つけることに脳全体がかかわっているかについて、お話ししました。**質問はあなたの脳の可能性を引き出す力を持っています。**

日常的にいい質問ができるようになるために、身につけるといい具体的なアクションがあります。本章では、前章でお話しした脳の働き方をもとに、いい質問を出せるようになる具体的なアクションを8つ紹介します。

すぐやれることなので、この中で自分に向いているものがあれば、ぜひ今日から取り入れてほしいのです。もし自分に向いているものがなかったら、自分用にアレンジしても構いません。

すぐに効果が出るわけではありませんが、続けていけば、ある日突然、以前の自分には思いもつかなった質問がひらめく、あるいは口を突いて出たりすることがあるはずです。質問は「一日にしてならず」ですが、あなたのモヤモヤや頭を抱えていた問題が解決できる日がきっと来ます。

自分にピッタリのアクションを身につけて、質問力を高めていきましょう。

質問力を高めるアクション①お茶を飲む

仕事をしているとき、途中で止めることは意外と勇気がいることですが、毎日決まった時間に、複数の人とリラックスして雑談するお茶の時間があることは、質問力を高めるのにとても有効です。

私が留学していたケンブリッジ大学では、毎日お茶の時間が厳密に決まっていました。10時30分からと15時からの2回です。

お茶を飲む部屋があって、時間になってそこに行くと、お菓子と一緒にお茶が自由に飲めるようになっています。

強制ではないのですが、「行ける人はその時間にそこに行く」ということだけが決まっていて、毎回顔触れが違います。

学部も学科も関係なく、それぞれの研究室にこもって忙しくてなかなか会えない人たちが、その時間には集まってきて、偶然隣になった人たちと会話をするのです。

フランシス・クリックと一緒にノーベル賞（生理学・医学賞）を受賞した、科学者ジェームス・ワトソンも、その著書『二重らせん』（邦訳：講談社文庫など）の中で、お茶の時間に偶然会った違う分野の人と情報交換したことによって、ＤＮＡの構造を解くカギを得ることになった、と書いています。

一つの分野には、その中の「常識」があって、専門家たちはなかなかそこを離れることができないものです。

「こう考えていますけど、どう思いますか？」

「こういう見方もあると思いますよ」

このように違う分野の人に話してみると、まったく新しい視点を得られることがあります。

また自分に近い人たちは、たいてい自分と同じような情報を持っていますが、自分と遠い人たちは、思いもよらない情報を与えてくれることがあります。自分と近い人と話すほうが「ヒントをもらいやすい」と思いがちですが、**科学的には、自分と遠い人と話すことによって、「問題解決が起こりやすい」と言われています。**

だから、欧米の大学の多くでは、毎日決まった時間に、誰もが集まって来られる場所が用意されているのです。

案外、日本の組織では、このようなことを大事にしていないのではないでしょうか。みなさんのいる会社、学校、家庭で、毎日決まった時間に、「強制ではないけれど、行ける人はそこに行く」というだけのリラックスした場所はあるでしょうか。

文学は文学だけ、勉強は勉強だけ、仕事は集中して仕事だけ。そうではなくて、一見ムダに思われてしまう「お茶の時間」にゆったり「雑談」をすることが、行き詰まりを解決することがあります。

「週に一度定例会議をしましょう」と言って、みんなを集めてガッチリ議論する。それとも「なにも決めずにリラックスしてお茶を飲む」という一見「ムダ」な時間をつくる。どちらのほうがいいアイデアが出るのかと言えば、案外分からないところだと思います。

質問力を高めるアクション②思考をアウトプットする

観察能力を上げるために、なんでもアウトプットしてみましょう。私は熊本のご当地キャラクター「くまモン」のような体型をしているので、「どうしたら痩《や》せられるか？」と一応は悩んで、毎日体重を記録しています。

私は毎日のようにランニングしているのですが、その記録を見てみると、かなりの距離を走っても、体重が変わらない日があることに気づきました。

つまり、「痩せるにはどうしたらいいか？」という問題があったとき、「もっと走ればいいのではないか？」という質問ではダメだということです。

それでは、食べなければいいのでしょうか？

これもダメだと気づきました。食べなければ一時的には痩せるのですが、後々リバウンドしやすくなって、うまくいきません。

まだ私は、痩せる問題については観察が足りず、いい質問を出せていません。「くまモン」脱却は遠そうですが、毎日測ってデータ化することによってヒントがつかめていくはずです。

気づいたことを書き留めておくのもいいでしょう。書くことによって、何度でも自分の目でじっくり確認できるからです。

私は青年期に、誰にも見せない文章を大量に書いていました。**なにか気になることがあったら、「自分の外に出してみる」ことが重要で、それによって客観的に眺められるようになります。**

人には見せられないような、ちっぽけな考えだと思うことも、自分にだけなら遠慮しないで書くことができます。書いたものを見て、本当にちっぽけかどうか確かめればいいのです。ちっぽけはちっぽけでも、書きためると自分がどんなことに心を動かす人間なのかが見えるようになります。

自分が本当に思っていることは正直に書きつけてみないと、あいまいになってその先を考えることができなくなってしまいます。真実というのはときに残酷なものなので、外に出さないほうがいいこともありますが、人に遠慮をしていると、自分の考えができなくなってしまいます。だから私は秘密のノートに正直に書くという作業をしてきました。

自分の考えを誰かに話してみるのも有効でしょう。友人と会話をしているとき、その人の言葉に答えようとして、なにかを自分で言ってみたら、「あれ？　私、こんなこと言っている！」と自分で驚くことがありませんか？

人に分かるように言葉にしようとすると、脳の中で考えていることが整理されて、答えが出てきやすくなることが知られています。

話すためには、どうしても整理しなければならなくなるので、その過程で答えが見つかりやすくなります。

言ってみて初めて、「自分はこんなことを思っていたのか！」と気づくというわけです。引き出される前までは、豆腐のようにやわらかい状態だったのが、言葉に出してみると、固まって形になって見える。その固まって出てきたものに、自分自身でさえ驚くことがあります。

問題は、分かって初めて口にできるのではなく、口にして初めて見えてきます。脳は、一度外に出さないと、自分自身と対話できないのです。

質問力を高めるアクション③繰り返す

2016年、グーグルの開発した人工知能「アルファ碁《ご》」が、囲碁で人間の世界チャンピオンに勝利してしまいました。だからといって、アルファ碁が人間の知性を超えたのかといえば、そうではありません。アルファ碁がやっていることは、実はとても単純です。

人間の脳の学習則を取り入れ、それを徹底しているだけです。たとえば、人間なら誰でもやっている「成功したら、報酬を与えて、その回路を強化する」「成功しなかったら、目標とどれだけズレてしまったのか、その誤差を教えて、ズレを減らすようにする」という強化学習や、「できるだけ多くの人間の優れた棋譜《きふ》を覚えて、パターンを抽出する」というパターン学習を実行しているだけなのです。

それなのに**なぜ人間が負けるのかといえば、人間は、その法則を徹底してやらないからです。**

人工知能は、計り知れない神秘的な力で、人間を負かしているように見えるかもしれませんが、人間の学習則で地道に、徹底的に、やっているだけなのです。

人間は、疲れたり、飽きたり、あきらめてしまったりして、勉強を途中で放棄しますが、人工知能にはそれがありません。何時間でも働いて、何千、何万の棋譜を覚え続けるし、失敗しても、ショックを受けてやめてしまうことがありません。「どこがダメだったのか？」と成功とのズレを見つけ出し、何回でもやり続けます。

「ＫＡＩＺＥＮ（カイゼン）」は、今や世界で広く知られる言葉です。もともとはトヨタ自動車の生産現場でよりよい車をつくるために、工程の見直しを進めていく運動がそう称されていました。

日々のカイゼンがあるから、よりよい品質、より安価な自動車がつくられていきます。トヨタの現場で、カイゼンすべきポイントを見つけるためにとられた方法――。

それは「なぜ？」を5回繰り返すことです。問題が見つかったら、5回くらい問わなければその真の原因を突き止めることができないと言います。

たとえば、ほかのラインが月に1回しか止まらないのに、ある生産ラインが今月になって何度も止まるとき。

「なぜあそこの生産ラインだけ止まるのか？」

最初の質問はここからスタートしますが、1回で真の原因にたどり着けるわけではありません。人員シフトの組み方が悪かった、あるいは車種が変わってスムーズにできなかったなど、原因はいろいろなところにあります。

「なぜ？」「なぜ？」「なぜ？」「なぜ？」「なぜ？」

繰り返し問うていくことで、原因となるものが見えてきます。

1回で真の原因を見つけることもありますが、それはまぐれと言っていいでしょう。

「しつこい」というのは性格の悪さを言う言葉のようですが、「頭がいい」とイコールといっても過言でもありません。

あきらめずに「なぜ?」と質問を徹底してください。繰り返すことで着実に前に進むことができます。

質問力を高めるアクション④正直になる

往々にして人間は自分の感情に基づいて、現実を見ています。2章でも述べたように、偏見を認めず正当化ばかりしていると、自分にとって都合のいいことだけを認識するようになります。本質的なことを自分に問わないまま、生涯を終えてしまうのは、本当にもったいないことです。

驚くべきことに、物理学の天才アルベルト・アインシュタインは、若いときに「自分には数学の才能がない」と見抜いていました。それを彼はとても印象的な言葉で言っています。

「私は純粋数学をやると、藁《わら》の山が複数あって、そのどちらに行ったらいいか分からないロバのようになってしまう」

アインシュタインの、世界を一変させた論文、1905年の特殊相対性理論の論文にしても、1916年の一般相対性理論の論文にしても、高度な数学は使われていますが、彼はとても苦労してやっています。


アインシュタインが優れていたのは、高度な数学を使って、物理法則を示したことではなくて、次のような、子どもらしいとも言える質問ができたことです。

「光を光のスピードで追いかけたらどうなるか？」

「重力は、一様に加速しているエレベーターと同じようなものではないだろうか？」

こういう想像ができたところにこそ、アインシュタインのオリジナリティーがあります。

アインシュタインは、高度な数学を使いこなし、着実に物理学者になる道とはまったく違った道を歩んできました。幼いころから落第続きで、やっと大学には入ったけれども、能力不足、不適応と判断されて、大学に残って研究することは許してもらえず特許局に就職しました。そこで働きながら、世界を変える特殊相対性理論を発表したのです。

もしも「数学が使えない」という事実をあいまいにして、数学の能力を身につけようとムリをして、ほかの人と同じところで頑張ろうとしたら、彼の才能はつぶれてしまっていたのではないでしょうか。

彼は自分の能力を正直に見て、できないことはやめる勇気を持ち、自分の優れたところだけは絶対にあきらめませんでした。

自分のダメなところ、足りないところ、それに対する正直さが、独創的な人間をつくります。

周りに合わせて、自分の欠点や、優れたところをあいまいなままにして、みんなと同じように生きるのではなく、正直になって、しつこく問えば、自分の問題がハッキリして自分らしい努力をすることができるのです。

質問力を高めるアクション⑤欠点を指摘する

2015年アメリカで公開になった『トレインレック』（日本未公開）という映画があります。この映画に出てくる、ニューヨークの一流雑誌の女性編集長のふるまいは、いきすぎなほどに「正直」で、彼女はものごとの本質だけを容赦《ようしゃ》なく追求していきます。

彼女は、部下たちに、取り上げる記事のアイデアを「はい、言って！」と次々に言わせます。

部下たちへの感情の遠慮は一切なく、「あ、ダメね。次！」とドンドン切り捨てていきます。立場に関係なく、いい案が出たときには、「じゃあ、今回はあなたが書いて」と公平に決めてくれるところはいいのですが、書き上がってきて満足がいかなかったら、「なにこれ？　取材対象がセクシーじゃないからボツ」などと言って、それもまた簡単に捨ててしまいます。

即断即決。でき上がったものに対しても、一切の妥協《だきょう》はしない。これが、一流雑誌のクオリティーを保つ秘訣なのだなと思いました。

日本人には、心優しさ、礼儀正しさのようなものがあって、そこは世界から認められる美点でもありますが、「正直に言わない」ことは、実質の追求をおろそかにしてしまう欠点でもあります。

自分の問題を見極めるにはやはり、容赦なき実質の追求が必要です。

カトリック教会では、キリストの教えに忠実に生きた偉大な人々を、聖者として認定し崇《あが》める習慣があります。かつてこの認定をするのに、面白い役割の人物が設けられていました。**「悪魔の代弁者」**と言います。

わざと意地悪く、その人が生前にした悪いこと、欠点を指摘する役割で、そういうイヤなことをする人がいるからこそ、その人が本当に聖人に並ぶのにふさわしいかが見極められると考えられていました。ひどいようですが、悪いところをハッキリさせることによって、「聖人」に並べる人のクオリティーを保ってきたわけです。

これと同じように、あるアイデアも、意識的にダメなところや、甘いところを指摘することによって、いいアイデアに仕上げることができるようになります。

悪魔の代弁者は、アイデアを徹底的に否定するところに本当の目的があるのではなく、それによってよりよいものにするための役割です。

自らが自らのアイデアに対する悪魔の代弁者となるように常に努めることで、いい質問、いい答えを出すことが徐々にできるようになります。

質問力を高めるアクション⑥締め切りをつくる

「今度の旅行はどこに行こう？」というのは、とてもいい質問です。

「次はどの本を読もう？」「次は誰に会おう？」

同様に、これもいい質問です。なぜなら行動を止めないようにしているからです。

私は常に「次はなにをやろう？」と自分で考えて、朝から晩まで止まらないマグロのような生活をしています。もちろん仕事で「この時間にここに来てください」と他人に強制的に決められて行動することもあるのですが、それ以外の時間帯は、私は自分で自分のやることを決めています。

ここでポイントになるのは、**「自分で自分の締め切りをつくる」**ことです。多くの人は、締め切りは外から来るものだと思っています。しかし本当は、締め切りは自分でつくるものです。

たとえ他人に与えられた仕事であっても、「今日の朝10時までにこの仕事は終わらせる」「何月何日までにこのプロジェクトを終わらせる」と締め切りは自分で決める。

これができると、人生はガラリと変わります。

他人から「いつまでにやってください」と指定されたとしても、自分で「それより前のこの日に終わらせよう」と締め切りをつくり直す。そうすれば、たとえ人からの強制であったとしても、自分の動機に変換することができます。

それで空いた時間は、「この時間はなにに使おう？」「次はなにをしよう？」と質問して、自分でやりたいことをやる時間にできます。

自分で締め切りを決めるだけで、人生が主体的になるので、断然楽しくなります。

「次にやること」は別に高尚《こうしょう》なことでなくてもいいのです。自分で行動すること、自分の人生に「やらされている」感がないことが大切です。

外から注文が来たものだけをつくっていると、それはマーケットに乗ることなので、だんだん消耗していきます。大勢の人に自分を合わせていくことは大事ですが、自分が本当にやりたいことが、マーケットに合うとは限りません。

他人の注文以外のことをやることは、「自分は本当はなにを大事にしている人間なんだ?」と問う作業でもあります。

世界の中でとりあえず自分しか必要としていないものでいいから、自分に発注する。

忙しい生活の中で毎日10分でも、自分で自分に発注して行動する時間をつくれたら、消耗度はだいぶ改善されます。

質問力を高めるアクション⑦むちゃぶりをする

「英語がうまくなりたいな」

そう思っているのに、教科書を使って先生に教わることを鵜呑《うの》みにすることしかしない。テストの点数だけを気にしてしまう（テストでいい点を取れたからといって、日本人が英語をしゃべれるようになっていないのは明らかなのに！）。

努力しているのに、その方法では一向にうまくならないなら、「もっと違う方法があるのではないか？」と質問をするべきです。

なにかの能力を上達させるために、自分で問題を発見するのには、「むちゃぶり」が一番有効です。

私が中学や高校へ講演しに行ったときには、学生にむちゃぶりをしています。

「英語が苦手だと思っている人はいますか？」

「じゃあ君、壇上へ上がってきてくれる？」

「今から1分測るから、1分間英語で自己紹介してくれる？」

学生たちは、「エーッ！」と非常に困惑しながらも、大勢の人が見つめる中で、自分が苦手だと思っている英語で、なんとか自己紹介を試みてくれます。

英語でスピーチするなんて、「自分には一生ないだろう」「できないだろう」と思っているかもしれませんが、「やってみて」と言えば、いとも簡単に、学生たちはそのハードルを乗り越えてしまいます。

最初は名前や、自分が興味を持っていることを一つ伝えるくらいがせいぜいかもしれません。しかし、一生やらなかったかもしれないことをやれたのですから、それだけで十分です。


終わった後、私は、学生たちに1分間スピーチを毎日一人でやり続けるように言います。毎日絶対に1分間話すとしたら、いつも違うネタを見つけなければなりません。

「今日の話題はなににしよう？」

「次はなにをしゃべろう？」

「これは英語でなんて言うのだろう?」

「もっとよくしゃべるにはどうしたらいいだろう?」

自然と改善点を考えるようにもなるはずです。

毎日やると決めただけで、工夫の仕方が発見できる。言おうとしたけれど、うまく言えなかったことについて、辞書を引いたり、インターネットで調べたり、ネイティブがどういう言い方をしているか海外ドラマを見て探ろうとか、思うようになるかもしれません。今では、英語字幕、日本語字幕つきで見られるオンライン・コンテンツがたくさんあります。

1分間スピーチを家で毎日やり続けたら、その人の「英語をしゃべる」体験は着実に増えていきます。「1分間毎日必ずやる」という、今の自分にとっての「むちゃぶり」をすることで、気づくと英語をしゃべることができるようになっているのです。

この場合は、私という他人が初めにむちゃぶりをしたわけですが、本当は、自分が自分にむちゃぶりしてみればいいだけです。

自分の課題を決めて、毎日1分やることに決めてしまう。やっていく中で、結果を常にモニタリングしながら、「次はどうしたらいいだろう?」という自分だけの工夫をしていくと、「できないと思っていること」も意外とできてしまうものです。

質問力を高めるアクション⑧芸術を観る

これまで、「問題を解決するにはどうしたらいいか？」という話をしてきましたが、人生には、絶対に解けない問題もあります。たとえば、「老い」は誰にもどうすることもできません。どうすることもできないものほど、人間は悩むものです。

絶対に解けない問題に向き合うために、私は芸術を観ることをおススメします。

リヒャルト・シュトラウスの作曲したオペラ『ばらの騎士』は、ロマンチックなタイトルですが、その実、「老い」を描いたオペラです。

主要人物は、若い未婚の男性貴族と年上の既婚女性。この二人は愛人関係にあります。若い男性のほうが、知性にあふれ落ち着きあるその女性に夢中になっている場面から始まります。

女性の夫は、公務で家を離れがちで、彼女にあまりよくしてくれません。彼女にとっても、いつも側にいてくれる、情熱的なこの若い男性の存在は大切です。しかし、年齢差や自分の婚姻状況ゆえに「いずれこの若者は私のもとを去っていく」という思い込みが消えません。

「私は年上で、彼の知らないことを知っているからこそ、学びたい盛《さか》りの彼にとって、魅力的に見えるだけだ」

「もっと時間が経てば、私はもっと老いてしまうし、彼も背伸びする必要がなくなって、自分にピッタリの若い女性を見つけるだろう」

彼女と同じように思い悩んでいる男女は、世の中にたくさんいることでしょう。

老いという問題にぶつかって、思い悩んだ末、彼女は内心の痛みを隠し、実際に彼を若い女性のもとへ送り出してしまいます。この二人が若者らしく戯《たわむ》れるのを見て、事情を知らない男性が、無神経にも彼女に「若いっていいものですな」と声をかけると、彼女は、「ええ」とうなずいて、爽《さわ》やかに去っていきます。

「老い」という問題を「解決」しようとしたら、「若返りの薬をつくる」とか「高い化粧品を使ってみる」という方法を考えるのでしょうが、彼女が向き合っているのは、そういう問題ではありません。

どうにもならない痛みをどう引き受けたかを描くのが、芸術です。誰もが向き合うことになる「老い」に、彼女が真っ先に向き合っているからこそ、このオペラを観る人には学びがあるし、癒やしがあります。

日ごろから芸術を観て、「どうしてこの人はこうしたんだろう？」と考えていくことで、人生のシミュレーションになるのです。

文学も同じです。ロシアの文豪フョードル・ドストエフスキーの小説『罪と罰』では、主人公は妄想にとらわれて殺人を計画し、実行してしまいます。

私はこれを何度も読み直していて、「もしかしてこの主人公は、ただ追い込まれてしまっただけなのかもしれないな」「殺人は極端だし、絶対にしてはいけないけれど、自分がそうしようと望まなくても、ある状況に追い込まれていってしまうことはあるな」と思いました。

「なんらかの事情である状況になってしまったとき、どうしたらいいのか？」という問題が、この本の中には書かれています。

「証拠をどう消すか」とか「タイムマシンに乗って過去を変えられるか」ということではなく、「どう状況を引き受けていくか」という、一人の人間の生き方を見ることができます。

文学や芸術になるのは、解決できる手段が尽きたところからだと言えるのかもしれません。

自分の人生で起こらないようなことであっても、芸術を読んだり観たり聴いたりすることによって、シミュレーションができるし、実際にそういうことが起こりそうになったときには、自分の力になってくれます。言わば、ワクチンのようなものです。

本当に人生に困ったときは、芸術に触れることをおススメします。

5章のポイント

- リラックスした時間がブレイクスルーをつくる。

- 自分と近い人よりも遠い人と話すほうが、問題解決しやすい。

- 問題は、自分の外に出すことで初めて見えてくる。
- 頭のいい人は、しつこく繰り返す。

- 自分の欠点に向き合うことで、独創性が生まれる。
- 妥協を一切しないほどの厳しさが、クオリティーを高める。

- 自分で締め切りをつくると、主体的に生きられるようになって、ラクになる。

- 自分にむちゃぶりすることで、能力を上げる。

- 芸術は人生のシミュレーションになる。

6章

日常生活で活かす質問術

脳内質問でトレーニングする

前章では、日常生活にどんなアクションを取り入れたらいい質問ができるようになるかという話をしました。本章では、実際にあなた自身のモヤモヤを解決するにはどういう質問をすればいいのか見ていきます。

質問をする状況はさまざまで、人によってモヤモヤすることは異なります。万人に効果のある質問は「ない」と言ってもいいのですが、それでも最大公約数的なものはあります。仕事、プライベートを問わず、多くの人が質問を必要とするケースを集めてみました。

言うなれば、脳内質問のケーススタディです。思考停止を脱却して、あなたのモヤモヤを解消するヒントになれば、幸いです。

世界で活躍できる人になるために必要な質問

日本から海外に出て行って、世界的に活躍できるようになりたい！

そのためにはどうしたらいいのだろうかと、思っている人も多いでしょう。

世界で活躍するためには、英語と自分の行こうとしている国の言語と、世界共通の感覚を身につけることは必要です。いろいろな国の人々に混じるのですから、ちょっとした言葉が相手を侮辱《ぶじょく》することになったり、差別になってしまったりすることがあるので、今この場でどんな発言をしてはいけないか、どういうことに配慮すべきかという「世界的な教養」が分かっていなくてはなりません。

新しいものをつくるにしても、どんなものがあったらうれしいかという世界的なニーズが見えていないとできないので、今世界でどんなことが問題とされているのか、日本語以外で発信されたニュースを押さえておくのはいいことでしょう。

しかし、それだけで国際的に活躍する人にはなれません。この質問が必要です。

「自分だけが持っているものはなにか？」

たとえば、日本人として自分が育んできた感覚や、自分だけが持っている技術など、どんなものでもいいからあなただけが持っている「ユニークさ」が求められています。

自分だけが持っているものがなぜ必要かと言えば、それが世界に対する贈り物になるからです。世界から与えられるものを学ぶだけではなく、自分も世界の一員であり、「これだけは得意だ！」と自分から世界に与えるものを持っているから、必要とされるのです。

グローバル化が進めば進むほど、世界共通のものだけでなく、自分のユニークさを確かめていくことが必要になります。世界中の人が同じ考えを持つことではなく、それぞれの違いを理解しながら、自分のユニークさを活《い》かすことが求められるようになるのです。

私は大学生のとき、国連で働きたいと思っていた時期がありました。国連職員のなり方を調べてみると、意外なことに、英語ができることよりも大切にされていることがありました。それは環境、開発、経済、科学技術など、とにかくなんらかの分野での修士や博士の学位、あるいはそれに相当するくらいの専門性を持っていることでした。

私たちは世界で活躍している人たちを、「英語が話せて、国際感覚が豊かなのだろうな」という単一のイメージでとらえがちですが、実はさまざまなバックグラウンドを持った人たちがお互いに力を活かすからこそ世界の問題に対処できるし、面白いものがつくれるのです。

国際社会で活躍する人になるためには、自分のユニークさを徹底的に追求することです。そう考えると、日本の中で活躍する方法とまったく同じです。

「さかなクン」は、魚類学者として、またタレントとして活躍していますが、魚のことを誰よりも知っていて愛しています。自分の得意とする分野はなんでもよくて、魚でもいいし、雑草でもいい。最近ではユーチューバーといって、自分がやったゲームのプレイ画面をユーチューブで発信して、人気を得ることで収入を得ている人々もいます。

どんなものであれ、これだけは自分は誰よりもよく知っていて愛している。そういうものがあると、どこでも活躍できるようになるのです。

「こんなものはローカルで活かしようがない」と捨ててしまいがちなものほど、実は大事なものです。

自分が越えられない壁を乗り越えるための質問

自分がやりたいと思っていたことで、越えられないかもしれない壁にぶち当たってしまった――。このときまずしてほしいのは、次の質問です。

「その壁はどうして見えているのだろうか?」

この質問をすると、実は、壁が見えたときには、その壁を乗り越える作業がもう始まっていることが分かるはずです。なぜなら、壁が見えるのは、その向こうにある大きな世界も、こちら側の自分も、壁の正体も、ある程度見えていることだからです。

小さな子どもが「将来プロ野球選手になりたい！」と言うときは、周りの大人も「なれるよ！」と応援しますが、壁はまだ見えていません。テレビなどを見て、なんとなく憧れを持っている状態です。

しかし高校野球に進んでみると、だんだん憧れが現実のものに変わって、技術面や体力面での壁の存在に気づいていきます。

つまり、壁が見えてきたということは、それだけ目標の大きさに対して、自分の大きさが足りないことがハッキリと見えて、その差やその間にある課題が明確になってきたということなので、事態はだいぶ進んでいます。

では、その壁を目の前にして、次はどうすればいいのでしょうか？

壁を固定したものだと思い込むのは、間違いです。動かないように見えるかもしれませんが、壁は揺《ゆ》らぎます。

努力したり、悩んだり、学んだりすることで、壁は確実に姿を変えます。

そんなことを言われても、「絶対に変わるはずがない」「どうしていいか分からない」という人には、あなたのやりたいことについて、こんな質問をすることをおススメします。

「達成できた人はどんな方法で、なにを努力したのだろうか？」
「達成できた人はどんな人とつながっているのだろうか？」

「こうすればできるようになる！」というセオリー、固定したノウハウでなく、生きた情報収集をしてください。セオリーは「誰でも同じようにやれ」という方法ですが、成功した人に誰一人として同じ人はいません。

生きた他人の具体的な行動パターンからヒントが得られることはたくさんあります。他人の行動に影響を受けてください。意外と小さなことが成功に導いていることに気づくはずです。

「え？　そんなことでいいの？」

「そんな人とのつながりを持つことが大事なの？」

自分自身が揺れ動いて、違う自分になることが、壁越えの術を身につけるコツです。

壁はフッと消えることがあります。自分が変われば、壁も姿を変えるのです。

自分とは違う人と向き合うための質問

インターネットの成熟もあり、国と国との境界が薄くなって、多種多様の人々が行き交うこと、文化、歴史、言葉が異なる人たちと交流することが増えるのが、グローバル化です。

自分とは違う人と出会う機会が増えてきたのは、日本国内でも同じです。同じ日本人といっても、多種多様の趣味があって、嗜好性《しこうせい》も、経験も違います。

みんながみんな同じテレビ番組を見て、情報を共有している時代は終わり、もう「誰もがこれを好き」という「メジャー」は存在しなくなりました。これからは自分と違う人とどのように向き合うべきかを、一人一人がますます悩む時代になっていきます。

自分と異なる人に出会い戸惑いを感じたら、まず、こんな質問をしてみてください。

「この人と自分との共通点はなんだろうか？」

非常に遠く見えても、非常に近いのが人間です。どんなに遠い存在に見えても、誰もが自分の幸せ、自分の周りの人の幸せを願っています。そのような基本的な願いは、あらゆる文化の人に共通しています。

異文化の地に旅行に行って、「マクドナルドやスターバックスがあってホッとした」という話をよく聞きます。どうして安心するのかといえば、おそらく、自分の国で慣れたものが他国にもあったからとか、このような企業が全世界共通の価値観を提供できているからではありません。

これらの場所で人々が時間を過ごすときの基本的なあり方が共通で、「おなかが空いた」「おいしいものが飲みたい」「楽しい時間を過ごしたい」という欲求がみんな同じだからこそ、ホッとするのではないでしょうか。

かかわり合うとっかかりがなにもないように見える人たちこそ、共通点はなにかを探ることが必要です。

それを足がかりにできたなら、次にするべき質問はこれです。

「いかにその人と自分とが違うのか？」

ここで確認したい「違い」というのは、肌の色や、目の色、また信仰している宗教など、具体的に明示できるものではありません。「どうしてこういうふるまいをするのだろうか？」と想像の中で確かめるしかない「違い」のことを言っています。

このように質問をして、自分がまだ知らないこと、想像もできないことが、実際に相手の血となり肉となっていることを思いやる必要があります。要するに、違いというのは、相手に対するリスペクトとして表れなければなりません。

たとえば、外国からの旅行者は、ほとんど日本文化を知らないでやって来ます。自分が外国に気楽に旅行することを思っても、事前に相手の文化を知らないのはむしろ当たり前のことです。

しかし、「日本には違う文化があるのだ」というリスペクト、そして「それを学ぼう」というオープンな姿勢があれば、われわれはこの人を素敵な人だと思うでしょう。われわれが他国に行くときも同様です。

知らないものへの思いやり、想像、リスペクトがあれば、自分とは違う他者に対して、正面から向き合えるようになります。

「まだ自分の知らない素晴らしい宝物が埋まっているのだ」という姿勢で、相手の文化に入っていくことができれば、どんなドアも開くはずです。

相手の異質性への想像力を持つことが、未知の世界へのドアを開きます。この想像力さえ身につければ、異なる他者と向き合うのは、不安でも恐怖でもなく、大きな喜びの源泉となるはずです。

原因を究明するときの質問

期待のかかったプロジェクトや、大々的に宣伝した新商品が失敗に終わったとき、関係者一同を集めて、いわゆる反省会が行われます。

うまくいかなかった原因を究明することは大事です。前向きにものごとを進める態度で、どうして失敗したのかを正確かつ誠実につかむことができれば、次回に活かすことができます。

しかしこういう席では、残念なことに責任追及になりがちです。犯人探しや個人攻撃ばかりで、結局大事なことはすべてうやむやになってしまう。**失敗した原因をきちんと分析し、次に活かすためには、いい質問が必要**です。

まず絶対にしてはいけない質問があります。

「誰のせいでこんなことになったのか？」

誰が悪いと決まったら問題は解決するのでしょうか？

しません。本当は、失敗は誰でもするものです。それはあなただったかもしれない。

犯人探しをして、その人を排除すれば感情的にスッキリする人もいるのでしょうが、原因究明は、責任のなすりつけではなくて、「論理」ですするものです。

前向きに論理を展開するためには、こんな質問からしていきます。

「どのあたりからうまくいかなくなったか？」

うまくいかないときは、なんとなく途中で「これでいいのかな？」という不安や心配がよぎったりするものです。本当はその違和感に気づくことができれば、軌道修正できたはずなのですが、なぜか見過ごされてしまった。

「これでいいのかな？」と思ったところに、うまくいかない原因が存在している可能性が大きいので、次回から気づけるように、この点を反省しておくことが大事です。

次の質問もいいでしょう。

「なぜそれを止めることができなかったのだろうか?」

本当は「いいことにならない」と分かっているのに、惰性《だせい》で続けてしまったことが原因で失敗してしまうことは、よくあります。上司からのプレッシャーもあるし、期待のかかったことを止めるには勇気もいる。

それで心のどこかで気づいていたはずの問題を見ないことにしてしまいます。やらなくてもいいことをやってしまった背景をあぶり出していくと、次回への改善策が見えてきます。

失敗することは、悪いことではありません。悪いのは、失敗を活かさないことです。自分や、他人に原因を帰するのではなく、誰にでもあり得ることとして、盲点になっていたさまざまな文脈を言葉にすることが、次の成功に結びつくのです。

自分の望みがかなわないときの質問

大事なミーティングに向かっていたら、天候不順や予期せぬ事故で、飛行機の出発が2時間遅れることになった、電車が止まった——。自分のせいではないのに、どうすることもできないで、仕事をパアにしてしまう。

こんな不運に遭遇すると、「ふざけるな！」「どうしてくれる！」と飛行場の係員や、駅員に詰め寄ってしまうことがよくあります。

人間は自分の利益が侵害されると、他人が邪魔な「モノ」にしか見えなくなってしまいます。よくよく考えれば、飛行機が遅れたのも、電車が止まったのも、係員のせいではないのですが、あたる場所がなくて、目の前にいる関係者に詰め寄ってしまう。どんなことでも言い散らしていいサンドバッグにしてしまいます。

「自分に今できることはなにか？」

こんな場合にすべき質問はこれです。

ミーティングには数時間遅れてしまっても、せめて終わりには間に合いそうかどうか、新幹線や、タクシーや、バスを検討する。

そうしてベストを尽くせば、少なくともミーティングの相手には誠意が伝わります。その相手も、あなたのせいではないことは重々承知しています。

手段がなくて動けない状況なら、あきらめて周辺のホテルに泊まってしまうのもいいし、家が近いならもちろん帰ってしまうのもいい。

手近な他人に詰め寄ったところで、事態は絶対に変わらないし、むしろ苦情対応に相手は追われて仕事が増え、肝心なことができなくなってしまいます。ただ互いにイヤな気持ちになるだけです。どうしても目的を達成する手段がないならば、完全に方向転換して、自分が気持ちよくなれることを考えるほうが大事なのです。

どうしようもない不運でも、自分にやれることはあるはずです。なんの努力もしないで感情だけをぶつけるよりも、この状況で**「自分も他人も心地よくいられるように、**

私が努力できることはなにか？」と質問してみてください。

自分のせいではないのだし、あきらめるしかないことはあきらめる。不運な状況のほうでなく、自分にできることに集中しましょう。これがまさに1章でご紹介した、ベスト・エフォート形式です。

こんなことも分かっています。

もう末期で、手の施しようがない状態の病気のパートナーを看取《みと》る。こんなに人間にとって絶望的で悲しいことはありません。

しかし、実際にそういう状態にある人たちにインタビューすると、ほとんどが、そんなどうすることもできない状況の中でも、「幸せな感情を持つ瞬間がある」と答えます。

それは、なんでもない日常であればおろそかにしてしまうようなこと――。

たとえば、「外の空気を吸いに行ったら、夕日がキレイだった」というような偶然によって幸せな気持ちになることもあるし、「パートナーのシーツを変えてあげただけで、気持ちよさそうな顔が見られた」と自分ができる小さなことをしただけでもうれしくなる場合もある。

どうしようもないように見えても、工夫できることは見つけようと思えば、事実見つかります。

そして、そういうことを見つけるのが得意な人ほど、パートナーの死という耐えがたい衝撃、またありとあらゆる挫折《ざせつ》からの回復が早いことが分かっています。

どんなに最悪な状況でも、小さな工夫をして、自分と他人が気持ちいいと思う一瞬をつくるように心がけてください。それが結局は、あなたの生きる力になってくれます。

将来なにをしたらいいのか分からないときの質問

人生では、どうしてもなにをすべきか分からなくなってしまうときがあります。中学・高校で進路を決めるとき、将来を選ばなければならないとき、また大人になっても、道に迷ってしまうことは多々あるものです。

なにをしたらいいのか分からないという人は、次の質問をしてみましょう。

「今まで自分はなにに感動してきただろうか？」

人間は感動に基づいて生きています。感動したことは、その人に引っかかりをつくり、それが人生のポイント、ポイントになってきたはずです。

私の人生を子ども時代から振り返ると、非常に深く感動した分野が二つありました。ここまで読んでくれた人には言うまでもなく、それは科学と芸術です。

子どものころから追いかけていた蝶は、自然界という非常に複雑で多様な世界を見せてくれました。アルベルト・アインシュタインの伝記を読んだときには、「この人は今までにない宇宙の見方を見出したのだ！　それをこんなに個性的なやり方で貫《つらぬ》いたのだ！」と雷に打たれたような衝撃を受けました。

芸術で言えば、５歳のときに初めて聞いたオーストリアのピアニスト、アルフレート・ブレンデル演奏のベートーベンの『月光』や『熱情』。小説なら、夏目漱石の作品に何度も感動してきました。

脳科学をやりながら、芸術や文学に取り組む今の私のスタイルは、結局子どものときに感動したものを追うことでできてきたものです。

なぜ「自分がなにに感動したのか」という質問をするのが大事かというと、自分がどういう人間か分かることに加えて、自分がかつて感動したものについてなら、努力に耐えられるからです。

世の中でなにかをしようとすると、たくさんの障害が出てきます。しかし、自分に感動を与えてくれたものならば、なおかつその感動を覚えていさえすれば、「あの感動のところまで行きたい！」と難しさを乗り越える努力ができます。

たとえば、ある書家は、若いとき美術大学に行くのをあきらめたそうです。それは「美大に行っても食べられない」「仕事にならない」と周りの反対を受けたからです。

その人は、書家として活躍するようになりましたが、最近になってまた絵を描き始めました。

絵の世界で食べられるようになるのは大変ですが、やはりかつて自分が感動した絵の道だったならば、モノになるかどうかは分からなくても楽しいし、その大変な努力をしていたいと思ったのだそうです。

実際には、自分が感動した仕事そのものができるようにはならないかもしれません。しかし、音楽好きの人なら、演奏家にならなくても、音楽の世界のどこか片隅にでも自分がかかわれる仕事を探せばいいし、そのための努力であればきっと耐えられることでしょう。

生活のためには誰でもムリをしなければならないところはあるけれど、その仕事が自分の根幹にある感動に結びついてくれるのならば、そのムリを楽しめるし、努力に耐えられます。

だから、迷ったときは「自分が人生の中で感動したことはなんだろう？」と質問をしてください。

人とのつながりに感動したことがあったとすれば、コミュニケーションをカギとした仕事に就《つ》くのがいいのかもしれません。

また、自分がなにかしたときに誰かが喜んでくれたことに感動したならば、人を喜ばせる仕事なら努力できるかもしれない。そう考えていけば、自分が取り組んでいく仕事はいくらでも見つかります。

どんなものにしたら人は喜んでくれるのかと考えるのがデザイナーです。サービス業もそうですし、おいしいご飯を提供するのも、そんな仕事の一つです。

あなたが感動したことはなんですか?

6章のポイント

- いい質問をするには、自分や相手が何を求めている（いない）か真剣に探り出すしかない。
- 国際的に活躍する人になるには、自分だけが持つユニークさを追求していく。
- 壁とは揺らぐもの。見えたときには、乗り越える作業が始まっている。
- 自分とは言葉も文化も違う人と接したときは、共通点と違いの両方を探して宝物にする。
- 自分ではどうすることもできない状況に遭遇しても、小さな工夫をすることで生きる力が湧いてくる。
- 自分が本当に感動したものなら、どんな苦労にも耐えられる。

おわりに　ブルー・オーシャンの時代を生きるために

この本では、あなたの現状を変えるきっかけになる質問力についてお話をしてきました。

質問をすることとは、実は「生きること」そのものです。

質問は、「自分の中になにか足りないものがある」と自覚することから始まります。この「なにか足りない！」という気持ちこそ、われわれを動かす力です。

「おなかが空いた！」「じゃあ、なにかを食べよう」

「なんとなく寂しい」「じゃあ、誰かに会いにいこう」

「ものたりない」「じゃあ、好奇心に従って、新しいものに触れにいこう」

「知らないことがたくさんだ」「じゃあ、知るようになろう」

「飽きてしまった」「じゃあ、新鮮なものをつくろう」

このように、自分に足りないものを認識することが、より豊かな自分になる、よりよく生きるきっかけになります。

自分が変わるためには、世間で言われている「正解」などに自分をムリに当てはめようとするのではなく、自分に欠けているものを自覚して、問題提起をすることが必要だということを見てきました。

今、時代は大きく変わろうとしています。人工知能の発達によって、人間の仕事の内容も変わっているし、インターネットなど情報ネットワークの発達によって、国境なども意味がないグローバル化の時代になっています。

このような時代には、求められる質問も当然変わってきます。質問力はこれからますます変化し、進化し、人間の生き方を支えていくものになるでしょう。

たとえば今までは質問というと、答えが決まっている中で正解の点数を争うのが主流でした。これは「レッド・オーシャン（赤い海）の質問力」と名づけることができるでしょう。

レッド・オーシャンとは、みんなが血で血を洗うように激しく競争している領域のことで、この中ではどうしても、ある一つの「正解」をめぐって、誰が一番早くたどり着けたか、誰が一番正確だったかという「順位」が重んじられてしまいます。この中では個性的な質問をすることは一切求められませんでした。

一方、「ブルー・オーシャン（開かれた青い海）」、つまり、どんどんイノベーションが起こり新しい産業が生まれ、文化のあり方も変わり、情報ネットワークによって人と人とが結びつけられる世界の中で求められる質問力は、まったく違うものです。

むしろ、長い間ずっと答えが出ないような質問をする、誰も答えを知らない質問をする。それで答えを見つけようと活動する中で、自然に自分の生活が変わり、人の生活が変わる。自分の欠点を正直に見つめることから生まれるユニークさが、いつの間にか自分や他人への宝物になる。そのような正解がなく、終わりがない質問力が必要とされていきます。

質問をすることは、世の中に対する向き合い方、姿勢を形づくることでもあります。

みなさんは子供のとき、「食事のときの姿勢が悪い、ちゃんと背筋を伸ばしなさい」「知っている人に会ったら、挨拶《あいさつ》をしなさい」など、注意された経験はありませんか？

そのような礼儀作法がちゃんとできていると、「あの人は姿勢のいい人だ」と目に留まるのと同じで、いい質問ができる人は「ポジティブに世界と向き合っているな」と注目を集めることでしょう。質問には、その人の生きる姿勢が表れます。

自分に対して、世の中に対して、いい質問ができるようになることは、これからの世の中では、「生きる道を自分で切り拓く、ポジティブで、最高の姿勢を持っている」という証《あかし》になります。質問力がある人は「生きる姿勢ができている人」なのです。

現代は、正解がなく、どんどん変化するリスクだらけの時代に見えるかもしれませんが、裏を返せばわれわれがより楽しい人生を迎えるチャンスを持っているということです。このチャンスを活かせるかどうかは質問力にかかっています。

この本で、一体その質問力とはなんなのか、それを鍛えるにはどうしたらいいのか、いくつかヒントをご紹介してきました。

この本の中で説明したような質問力の中にこそ、「ブルー・オーシャンを生きる」という意味において最も大事な叡智《えいち》が詰まっていることは事実です。しかし、それは今までの常識に反するものだったかもしれないし、すぐには実践できないようなものだったかもしれません。

今すぐに「いい質問」ができなくてもかまいません。しかし、この本を使って、これから毎日の生活の中で少しずつ、質問する練習をすることで、自分の原点を探し、新しいブルー・オーシャンの時代を生きるいい姿勢が身について、みなさんの人生が素晴らしいものになっていったら、私は幸せに思います。

最後になりますが、本書を企画立案してくれた岩崎英彦さん、河出書房新社の高木れい子さん、原稿執筆に協力してくれた恩蔵絢子さんにはお世話になりました。３人の協力がなければ、完成しませんでした。どうもありがとう。

本書を読んでくださった読者のみなさんにもお礼を申し上げます。

どうか楽しい人生を！

茂木健一郎

現状を変えるための質問

他人に向けた質問

「あなたは世界をどうしたいですか?」

「すぐに一つでもなにか提案ができますか?」

「大変だったわね。大丈夫?」

「あなたはこんなときどうしましたか?」

「あなたの場合はどうでしたか?」

「なにがお好きですか?」

「どのワインがお好きですか?」

「どのあたりからうまくいかなくなったと思いますか?」

「なぜそれを止めることができなかったのでしょうか?」

自分に向けた質問

「自分が一番心地よくなれるのは、どんな生き方だろう？」

「今日が人生の最後の日だとしたら、私は今日やろうとしていることをやるだろうか？」

「今、自分にできる最大限のことはなにか？」

「この問題について、今すぐやらなければいけないのはどんなことだろうか？」

「自分が一番したいことはなんだろう？」

「どうやって一人一人説得していけばいいだろうか？」

「どのようにすれば、精度を高めることができるか？」

「あと少しだけ成長するためには、なにをすればいいのだろう？」

「次はなにをしようか？」

「今日の話題はなににしよう？」

「自分だけが持っているものはなにか？」

「その壁はどうして見えているのだろうか？」

「達成できた人はどんな方法で、なにを努力したのだろうか？」

「達成できた人はどんな人とつながっているのだろうか？」

「この人と自分との共通点はなんだろうか？」

「いかにその人と自分とが違うのか？」

「今まで自分はなにに感動してきただろうか？」

「どのようにすれば事態を収拾できるだろうか？」

「次はどんな挑戦をしようか？」

「なぜ不便を我慢しなければならないのか？」

「自分も他人も心地よくいられるように努力できることはなにか？」

著者紹介

茂木健一郎（もぎ・けんいちろう）

1962年東京生まれ。脳科学者。東京大学理学部、法学部卒業後、東京大学大学院理学系研究科物理学専攻課程修了。理学博士。理化学研究所、ケンブリッジ大学を経て、現在、ソニーコンピュータサイエンス研究所シニアリサーチャー。東京大学、大阪大学非常勤講師。
2005年、『脳と仮想』（新潮社）で第4回小林秀雄賞、2009年、『今、ここからすべての場所へ』（筑摩書房）で第12回桑原武夫学芸賞受賞。他の著書に『脳を活かす勉強法』（PHP研究所）『結果を出せる人になる！「すぐやる脳」のつくり方』（学研プラス）『頭は「本の読み方」で磨かれる』（三笠書房）『脳を最高に活かせる人の朝時間』（河出文庫）等がある。

最高の結果を引き出す質問力
その問い方が、脳を変える！

2016年11月20日初版印刷
2016年11月30日初版発行

著者　茂木健一郎
構成　岩崎英彦
編集協力　恩蔵絢子
ブックデザイン　大谷昌稔
本文デザイン　茂呂田剛（エムアンドケイ）
写真　上村明彦

発行者　小野寺優
発行所　株式会社河出書房新社
〒151-0051　東京都渋谷区千駄ヶ谷2-32-2
電話　(03) 3404-1201（営業）
(03) 3404-8611（編集）
http://www.kawade.co.jp/

印刷　株式会社亨有堂印刷所
製本　小泉製本株式会社
Printed in Japan
ISBN978-4-309-24784-7